Sauerteigbrot

für jeden Tag

Vanessa Kimbell

Sauerteigbrot

für jeden Tag

Fotos von Georgia de Lotz & Vanessa Kimbell

Für Tim Spector, weil er unser Leben verändert hat.

ZS – Ein Verlag der Edel Verlagsgruppe

© Deutsche Erstausgabe 2023
Edel Verlagsgruppe GmbH
Kaiserstraße 14 b
80801 München

2. Auflage 2024
978-3-96584-298-4

Diese Ausgabe erscheint bei der Edel Verlagsgruppe GmbH als Lizenzausgabe von Kyle Books, an imprint of Octopus Publishing Group Limited
Carmelite House
50 Victoria Embankment
London EC4Y 0DZ

Original title: *10-Minute Sourdough – Breadmaking for Real Life*

First published in Great Britain in 2021 by Kyle Books, an imprint of Octopus Publishing Group Limited
Carmelite House
50 Victoria Embankment
London EC4Y 0DZ

Projektkoordination der deutschen Ausgabe: INA STEWART
Übersetzung ins Deutsche: SCRIPTORIUM GBR, WOLFGANG BEUCHELT, BRIGITTE RÜSSMANN, KÖLN
Cover der deutschen Ausgabe: KATHI FESL
Satz und Redaktion der deutschen Ausgabe: BOOKLAB GMBH, MÜNCHEN
Design: HELEN BRATBY
Fotografie: GEORGIA DE LOTZ, VANESSA KIMBELL

Printed and bound in China

So melden Sie sich bei The Sourdough Club an, der Online-Lernplattform der Sauerteigschule mit Kursinhalten, Forschung, Rezepten und mehr:

1) Öffnen Sie die Kamera-App auf Ihrem Smartphone.
2) Halten Sie es über das Bild des Codes.
3) Klicken Sie auf den Link, der oben auf Ihrem Bildschirm erscheint.

Inhalt

Einleitung

Judiths und Helens Blicke sprachen Bände, als ich mein einfaches Sauerteig-Kastenbrot aus dem Ofen nahm. An reiner Arbeitszeit hatte ich dafür gerade einmal 8 Minuten und 39 Sekunden gebraucht (wir haben es gestoppt). Ich hatte mich mit meiner Herausgeberin Judith und Grafikerin Helen verabredet, weil wir mit der Arbeit an meinem vierten Buch *The Sourdough School: Sweet Baking* beginnen wollten. Am Vorabend hatten sie beide gestanden, noch nie Sauerteig gemacht zu haben, obwohl sie beide wesentlich an meinen erfolgreichen Brotbüchern beteiligt waren. Da musste ich ihnen einfach zeigen, wie leicht man mit Sauerteig backen kann.

Seit Jahren verwende ich zu Hause eine Methode, die ich die „Schummelmethode" nenne, weil sie nur wenig Arbeit erfordert. Nach meinem Gespräch mit Judith und Helen wurde mir klar, dass mit dieser Methode selbst viel beschäftigte Menschen ihr eigenes Brot backen können. Andererseits ist das schnelle Backen eines Brots oder Kuchens das genaue Gegenteil von allem, was ich seit Jahren lehre. Der Kern meiner Liebe zum Sauerteig ist schließlich die Entschleunigung und Hingabe an das, was man tut. Ich betone immer, wie wichtig es ist, nicht nur mit den Händen, sondern mit Herz und Verstand bei der Sache zu sein, sich dem Moment hinzugeben und dabei auch die Herkunft des Getreides, den Boden, auf dem es wächst, und die Menschen, die das Mehl produzieren, zu würdigen. In unserer hektischen Welt fällt es oft schwer abzuschalten. Brotbacken gibt mir die Gelegenheit, zu entschleunigen und im Moment zu sein. Brotbacken erdet mich.

Deshalb behielt ich mein schnelles „Schummelbrot" auch für mich, versteckte es vor der Welt, als ob es mir peinlich wäre, dass ich so einfach ein nahrhaftes und köstliches Brot zaubern konnte. Aber als Selbstständige mit drei Kindern, die auch den Haushalt, das Schreiben und die Recherche nicht vernachlässigen kann, gebe ich gerne zu, dass es meine Alltagsmethode ist, wenn es schlicht darum geht, Brot auf den Tisch zu bringen.

Drei Wochen später sagte mir Judith am Telefon, dass sie und Helen mit dem Rezept nun endlich selbst Brot gebacken hatten. Sie fanden, dass mein „Schummelbrot" das perfekte Rezept sei, um auch die Menschen, die viel um die Ohren haben, dazu zu ermuntern, Sauerteig auszuprobieren. „*Sauerteigbrot für jeden Tag* ist ein Buch, das wir alle brauchen", sagte Judith. „Das musst du schreiben!"

Und hier ist es also.

Über dieses Buch

Für einen Sauerteig müssen wir eine Kolonie symbiotischer Mikroorganismen erzeugen, die Starter oder „Anstellgut" genannt wird. Das ist nichts anderes als ein Glas mit Mehl und Wasser, in dem natürliche Umgebungshefen und Milchsäure eine Basis für aktives Keimwachstum erzeugen. Der Starter lässt das Brot aufgehen. Er ist viel einfacher herzustellen, als es klingt! Die meisten denken, Sauerteig anzusetzen sei ein langer und komplizierter Prozess. In Wahrheit braucht man dafür nur einige Schritte, die in wenigen Minuten erledigt sind, sich aber eben über einen Zeitraum von 24 oder sogar 36 Stunden verteilen. Die Schritte lassen sich in drei Phasen unterteilen, die ich im Folgenden erklären werde. In diesem Buch finden sich fünf einfache Grundrezepte:

Alle anderen Rezepte in diesem Buch beruhen auf diesen Grundrezepten und den dort angegebenen Zeiten und Techniken. Jedes Grundrezept hat einen Zeitplan, den Sie für alle anderen Rezepte im Buch nutzen können, die auf ihm aufbauen. Der Zeitplan ist jeweils so aufgebaut, dass Sie den Teig abends mischen und morgens backen, Sie können ihn aber natürlich an Ihre Bedürfnisse anpassen. Wichtig ist, dass Sie die Zeitabstände und Techniken verinnerlichen, dann können Sie jederzeit Sauerteig in 10 Minuten zubereiten.

WICHTIGER HINWEIS

Bei allen Rezepten in diesem Buch geht es mir darum, dass Sie gesundes Essen mit den Menschen teilen, die Sie lieben. Gehen Sie die Grundrezepte in der Reihenfolge durch, in der sie aufgeschrieben sind, denn sie führen Sie Schritt für Schritt in die Techniken ein, die Sie benötigen, damit das Backen mit Sauerteig gut gelingt. Wenn Sie ein Rezept zum ersten Mal ausprobieren, kann es etwas länger dauern als 10 Minuten. Das ist normal. Es ist schließlich etwas Neues. Aber sobald Ihnen der Ablauf einmal vertraut ist und Sie die Tipps von S. 16–17 nutzen, werden Sie feststellen, dass selbst gebackenes Brot tatsächlich in wenigen Minuten zubereitet werden kann.

Bedenken Sie jedoch, dass ich den Abwasch nicht in die 10 Minuten eingerechnet habe. Bei uns zu Hause gilt die Regel, wenn einer kocht oder backt, ist ein anderer für den Abwasch zuständig.

Phase 1: Sauerteigstarter ansetzen

Der erste Schritt ist das Ansetzen des Sauerteigs für Ihren Starter – auf S. 10 führe ich Sie durch diesen Prozess. Es ist wichtig, den Unterschied zwischen dem Ansetzen des Starters und seiner Erhaltung zu kennen. Das Ansetzen kann einige Tage, aber auch eine Woche dauern. Sobald er fertig ist, haben Sie eine lebende Kultur, die es nun im nächsten Schritt zu erhalten gilt.

Phase 2: Den Starter erhalten

In dieser Phase müssen Sie den Sauerteigstarter „füttern", bevor Sie ihn backen. Die meisten Hobbybäcker lagern ihren Starter im Kühlschrank, wenn sie nicht mit ihm backen. Das verlangsamt ihn und er muss nicht täglich gefüttert werden. In diesem Fall muss vor dem Backen die Aktivität der Mikroorganismen im Starter wieder angeregt werden. Am besten gelingt dies mit einer doppelten Auffrischung (siehe S. 12).

Phase 3: Die Zutaten vermischen

Der letzte Schritt ist das Mischen der Zutaten. In praktisch allen Rezepten in diesem Buch werden die Zutaten in eine Schüssel gegeben und vermischt. Manchmal muss der Teig nach dem ersten Vermengen ruhen, dann wird noch einmal etwas Wasser eingeknetet. Mehle sind unterschiedlich und die benötigte Wassermenge variiert je nach Protein- oder Kleiegehalt des Mehls.

Der Ablauf bei allen Rezepten ist also: den Sauerteigstarter zweifach auffrischen, die Zutaten in eine Schüssel geben, vermengen, gehen lassen und dann nur noch den Backofen vorheizen und backen.

Einen Starter ansetzen

Ein guter Starter ist die Voraussetzung für erfolgreiches Backen. Ein Sauerteigstarter ist einfach herzustellen. Alles, was Sie brauchen, ist warmes Wasser, Mehl – und etwas Zeit.

ZUTATEN

warmes Wasser (28 °C)
steingemahlenes Bio-Vollkornmehl (siehe Tipp unten)

KÜCHENUTENSILIEN

Messbecher
Thermometer
2 saubere Schraubgläser
Löffel

TIPP

Verwenden Sie möglichst Bio-Vollkornmehl. Bio-Mehle sind zwar meist etwas teurer, enthalten aber mehr Mikroorganismen und ergeben daher einen robusteren Starter. Zudem sind sie nicht mit Fungiziden, Pestiziden und Herbiziden belastet.

Tag 1 8 Uhr

110 g Wasser und 100 g steingemahlenes Bio-Vollkornmehl in einem sauberen Schraubglas gründlich verrühren. Durch kräftiges Rühren gelangt reichlich Sauerstoff ins Wasser, den die Hefe benötigt, um triebstark zu sein. Das Glas locker mit dem Deckel abdecken und 24 Stunden an einen warmen Ort (22 °C) stellen.

Tag 2 8 Uhr

Den Starter anfüttern. 50 g steingemahlenes Vollkornmehl und 60 g Wasser in das saubere zweite Glas geben. 100 g Mischung aus dem ersten Glas (in dem nun hoffentlich einige Blasen zu sehen sind) hinzugeben und verrühren. Das ist der Starter. Den Rest aus dem ersten Glas (siehe S. 12) entsorgen. Das Glas mit heißem Wasser auswaschen, damit es für das zweite Anfüttern bereit ist. Sie haben nun 210 g Starter. Wieder locker abdecken und 12 Stunden an einen warmen Ort stellen.

Tag 2 20 Uhr

Den Starter wie oben beschrieben erneut anfüttern.

Diese zwei Auffrischungen mindestens 3–6 Tage durchführen, bis der Starter fertig ist.

WANN IST DER STARTER FERTIG?

Das variiert je nach Umgebung und mikrobieller Beschaffenheit des Mehls. Teilweise zeigt der Starter schon nach wenigen Tagen Aktivität.

Der Starter ist fertig, wenn er lebhaft Blasen wirft und seine Größe innerhalb von 5 Stunden nach dem Anfüttern verdoppelt hat. Sobald dies erreicht ist, haben Sie erfolgreich einen Sauerteigstarter („Anstellgut") angesetzt und können backen. Nun müssen Sie ihn erhalten (siehe S. 12).

WAS, WENN ETWAS SCHIEFGEHT?

Wenn der Starter nach einer Woche noch nicht lebhaft aktiv ist, beachten Sie beim nächsten Mal Folgendes:

- Verwenden Sie nur steingemahlenes Bio-Vollkornmehl.
- Das Wasser sollte immer 28 °C haben.
- Der Starter sollte immer bei einer Umgebungstemperatur von etwa 22 °C reifen.

TAG 1: STARTER ANSETZEN

TAG 2: 8 UHR

TAG 2: 20 UHR

ZWEIMAL TÄGLICH WIEDERHOLEN, BIS SICH DIE GRÖSSE INNERHALB VON 5 STUNDEN NACH AUFFRISCHUNG VERDOPPELT.

Den Starter erhalten

Damit das Backen gelingt, muss der Sauerteig ausreichend aktiv sein. Wer nicht jeden Tag backt, muss den Sauerteig vor dem Backen auffrischen. Dies erfolgt in zwei Schritten. So erhält man einen Teig der Stufe 2 (vollsauer).

ZUTATEN

30 g Starter
60 g Wasser (16–18 °C)
100 g steingemahlenes Bio-Vollkornmehl

Tag 1 20 Uhr (Stufe 1, grundsauer)

30 g Starter mit 60 g Wasser in ein sauberes Schraubglas geben und gründlich verrühren. So wird er mit Sauerstoff angereichert. Dann das Mehl kräftig einrühren. Das Glas locker mit dem Deckel abdecken, sodass die beim Fermentieren entstehenden Gase entweichen können. Den Starter bei 20–22 °C reifen lassen.

Tag 2 8 Uhr (Stufe 2, vollsauer)

30 g des Starters wie in Stufe 1 beschrieben erneut auffrischen. Den Teig im Glas vor dem Backen erneut 12 Stunden reifen lassen. So vermehren sich die Mikroorganismen im Sauerteig, die zum Backen nötig sind.

ENTNEHMEN

Da ich jeden Tag backe, muss ich nur selten etwas entnehmen, weil mein Starter keine Auffrischung benötigt. Die Anleitungen in diesem Buch sind für alle gedacht, die ein- oder zweimal die Woche backen. In diesem Fall muss der Starter nach der längeren Zeit im Kühlschrank verjüngt werden. Mein Motto hier lautet: Doppelt hält besser.

Ich weiß, dass viele sich schwertun, jedes Mal beim Auffrischen überschüssigen Starter zu entsorgen. Dies ist jedoch nötig. Aus meiner Erfahrung wird der Starter grundsätzlich aktiver, wenn man etwas mehr im Glas kultiviert (etwa 200 g). Das Problem ist aber, dass man dann zu viel Starter hat und einen Teil entsorgen muss, um die Säure und damit die Aktivität der Hefe zu kontrollieren.

Zum Lagern des Starters ist es außerdem gut, etwas mehr Inhalt im Glas zu haben. Der Fusel (essigsaure Flüssigkeit), der sich auf der Oberfläche bildet, schützt vor Krankheitserregern und der Starter bleibt gesund. Zum Backen muss der Starter aber wieder aktiviert werden. Dafür muss der Säuregehalt gesenkt werden, damit die Hefe wieder aktiv wird, Triebkraft entfaltet und das Brot so aufgeht. Die einfachste Methode ist, die Menge des Starters zu reduzieren, die aufgefrischt wird, und einen Teil zu entsorgen. Die Hefe wächst so schneller als die Bakterien. Hat man das verstanden, macht der Vorgang mehr Sinn.

Starter zu entnehmen muss aber nicht bedeuten, dass man ihn wegwirft. Der überschüssige Starter lässt sich gut für andere Rezepte nutzen, wie etwa die Mohn-Zwiebel-Wraps (siehe S. 123). Aber auch auf dem Kompost leistet er gute Dienste. Der entnommene (entsorgte) Starter muss also auf gar keinen Fall verschwendet oder weggeworfen werden.

Antworten auf häufige Fragen

F: Ist es besser, einen Starter anzusetzen oder einen zu übernehmen?

A: Mit dem Rezept auf S. 10 können Sie Ihren eigenen Starter ansetzen. Sie können aber auch jemanden um einen kleinen Teil seines Starters bitten. Die meisten Hobbybäcker sind sehr großzügig und geben ihren Starter gerne weiter. Sobald Sie einen fertigen Starter haben, können Sie praktisch sofort loslegen mit dem Backen.

Sauerteig-Neulinge finden es oft einfacher, einen bereits fertigen Starter zu erhalten, da dieser schon eine stabile Hefe- und Bakterienkultur besitzt. Oft sind auch die Backergebnisse damit besser.

F: Welches Mehl nutze ich zum Auffrischen des Starters?

A: Ich würde immer Bio-Vollkornmehl empfehlen. Wenn es frisch gemahlen ist, umso besser. So erhalten die Mikroorganismen im Starter die Nährstoffe, die sie benötigen, um sich gut zu vermehren.

F: Kann ich zum Auffrischen verschiedene Mehle nutzen?

A: Sie können verschiedene Mehle verwenden. Aber besonders beim Etablieren eines neuen Starters würde ich raten, immer dasselbe Mehl zu nehmen. So kann sich eine gesunde Population von Mikroorganismen am besten aufbauen.

F: Kann ich einen Weizenvollkorn-Starter in einen weißen oder einen Roggenstarter umzüchten?

A: Ich empfehle immer, eine neue Kultur mit Weizenvollkornmehl anzusetzen. Die natürlich darin vorkommenden Enzyme und Nährstoffe sind das, was die Mikroorganismen benötigen, um kräftig zu wachsen. Neulingen empfehle ich immer, sich erst einmal mit diesem einen Starter vertraut zu machen. Wer schon erfahrener ist und eine etablierte Starterkultur besitzt, kann diese leicht umzüchten: Dazu wird einfach mit einem anderen Mehl aufgefrischt. Dabei sollte man aber beachten, dass ein anderes Mehl sich auf die Fermentation auswirkt. Damit Sie die hier im Buch angegebenen Zeiten einhalten können, müssen Sie die Wassertemperatur beim Auffrischen des Starters anpassen. So empfehle ich für mit Walzen gemahlenes Weizenmehl Type 405 Wasser mit 27 °C zu verwenden, für Roggen würde ich Wasser mit 16 °C nutzen.

F: Warum riecht mein Starter schlecht?

A: Wer seinen Starter regelmäßig nutzt, lernt schnell, dass sich sein Geruch verändert, vom frischen Starter bis zu dem Zeitpunkt, wenn er wieder gefüttert werden muss. Aber schlecht sollte er nie riechen, denn dann stimmt etwas nicht.

Vielleicht haben Sie ihn nicht oft genug gefüttert. Versuchen Sie ihn häufiger aufzufrischen (mindestens einmal pro Woche). Wenn er nach Nagellackentferner oder altem Käse riecht, benötigt er dringend Aufmerksamkeit. Frischen Sie ihn mindestens dreimal auf, bevor Sie mit ihm backen. Riecht er nach Früchten, benötigt er ebenfalls Auffrischung.

F: Warum schwimmt mein Starter nicht?

A: Vielleicht haben Sie gelesen, dass ein Starter fertig ist, wenn ein Teelöffel davon in Wasser schwimmt. Das trifft bei Weißmehlstartern zu, aber Vorsicht: Ein Starter schwimmt auch, wenn er übergangen ist. Starter aus Roggen- oder Weizenvollkornmehl schwimmen nie.

F: Auf meinem Starter ist Schimmel, was soll ich tun?

A: Wenn Schimmel auf dem Starter wächst, wirft man ihn am besten weg und fängt von vorne an. Es ist möglich, schimmligen Starter zu retten, aber dabei muss aller Schimmel entfernt werden. Ich empfehle, dies draußen zu tun, denn die Schimmelsporen aus der Luft lassen sich sonst auf dem neuen Starter nieder. Suchen Sie am Grund des Glases nach cremefarbenem, unbefallenem Starter und versuchen Sie ihn zweifach aufzufrischen, um ihn wiederzubeleben.

Gelegentlich bildet sich Kahmhefe auf dem Starter, die oft mit Schimmel verwechselt wird. Sie ist unbedenklich, sollte aber vollständig entfernt werden. Riecht der Starter schlecht, entsorgt man ihn am besten und fängt von vorne an.

F: Ich fahre in Urlaub. Was mache ich mit meinem Starter?

A: Sie können ihn gut einige Wochen im Kühlschrank aufbewahren, solange seine Mikrobenkultur vorher gesund ist. Frischen Sie ihn die letzten zwei Tage vor dem Urlaub je zweimal am Tag auf und stellen Sie ihn dann für die Zeit des Urlaubs in den Kühlschrank. Danach frischen Sie ihn zwei Tage lang zweimal täglich auf, bevor Sie backen.

Vielleicht kümmert sich aber auch jemand aus dem Freundeskreis um ihn und Sie revanchieren sich, wenn derjenige in Urlaub fährt.

F: Auf meinem Starter hat sich graue Flüssigkeit gebildet. Was soll ich tun?

A: Keine Angst. Die Flüssigkeit nennt sich „Fusel". Sie ist praktisch eine Schutzschicht aus Alkohol, die sich bildet, wenn er länger nicht aufgefrischt wurde, und zeigt, dass er Aufmerksamkeit braucht. Ist es wenig Fusel, rühren Sie ihn ein und frischen Sie den Starter an zwei Tagen je zweimal auf. Eine dickere Schicht gießt man vor dem Auffrischen ab und gibt etwas frisches Wasser hinzu.

F: Wie lange kann ich den Starter unaufgefrischt stehen lassen?

A: Idealerweise sollten Sie den Starter mindestens einmal die Woche auffrischen, wenn Sie ihn nicht nutzen. Er hält länger durch (siehe „Ich fahre in Urlaub", links) und man kann ihn sogar einfrieren und dann wiederbeleben.

Selbst bei vergessenem Starter lohnt sich der Versuch, ihn wiederzubeleben. Oftmals hängen wir ja aus unterschiedlichen Gründen an ihm. Ansonsten mag es schneller gehen, eine neue Kultur anzusetzen.

F: Mein Starter lässt sich nicht mehr umrühren. Was soll ich tun?

A: Ist der Starter sehr steif und lässt sich nur schwer umrühren oder kaum in den Teig einarbeiten, versuchen Sie 10 g Wasser zusätzlich einzurühren, um ihn zu lockern.

Praktische Tipps zum Backen in 10 Minuten

Wenn ich erzähle, dass man Sauerteig in nur 10 Minuten zubereiten kann, bekomme ich immer einen fragenden Blick. Ich kann regelrecht sehen, wie mein Gegenüber denkt: „Das ist ein Scherz, oder?“

Ist es aber nicht. Es ist problemlos möglich, in nur 10 Minuten Arbeitszeit Sauerteig zuzubereiten. Und es bedeutet nicht, dass man danach 20 Minuten sauber machen muss. Man muss dafür nur die unten aufgeführten Techniken erlernen. Sie werden in den Rezepten nicht jedes Mal wiederholt, lesen Sie sich diese zeitsparenden Tipps daher bitte gründlich durch.

Tipps zum schnellen Auffrischen des Starters

◗ Richten Sie auf Ihrem Handy eine Erinnerung für jeden Donnerstag ein, um den Starter aufzufrischen. So ist er am Wochenende immer bereit zum Backen.

◗ Finden Sie eine Mehlschaufel, die genau 100 g Mehl fasst, und einen Messbecher oder ein Glas für exakt 60 g Wasser. Nutzen Sie diese immer zum Auffrischen des Starters. So müssen Sie die Mengen nicht jedes Mal auswiegen.

◗ Nutzen Sie immer zwei Gläser für Ihren Sauerteig. So ist immer eines in Benutzung und eines sauber und einsatzbereit. Der Starter kann klebrig werden und am Rand eine harte Kruste bilden. Dann frischen Sie ihn im zweiten Glas auf und weichen das schmutzige Glas 3–4 Stunden ein. Dann lässt sich die Kruste auch ohne viel Schrubben lösen.

◗ Sie müssen Ihren Starter nicht bei jedem Auffrischen umfüllen und das Glas anschließend waschen. Ich tue dies jedes zweite oder dritte Mal, allerdings immer, bevor ich meinen Starter zum Lagern in den Kühlschrank stelle.

Tipps zur Küchenorganisation

◗ Wenn Sie jeden Tag oder zwei- bis dreimal pro Woche backen, ist es praktisch, alle Backutensilien und -zutaten in einer Ecke der Küche griffbereit zu haben. Das spart viel Zeit, denn so müssen Sie nicht erst alles zusammentragen und können sofort loslegen.

◗ Mehl im großen Vorratsglas und ein Salztopf, beide mit Schaufel, sollten immer einsatzbereit sein.

◗ Stellen Sie diese Sauerteig-Utensilien immer an denselben Ort: Holzlöffel, Schüssel, Messbecher und ein sauberes Küchentuch.

◗ Eine Digitalwaage mit Tara-Funktion ist sehr nützlich und spart Geschirr, denn so lassen sich alle Zutaten in wenigen Sekunden nacheinander in derselben Schüssel abwiegen.

◗ Ich empfehle ein großes Paket Backpapier-Zuschnitte zu nutzen und das Backpapier vor dem Auslegen der Form zu knüllen. So lässt sich die Backform einfacher auslegen, denn das Papier hält die Form besser. Die Backform auszulegen, mag überflüssig erscheinen, es verhindert aber, dass der Teig festklebt, und spart anschließend Zeit beim Spülen.

◗ Entwickeln Sie Routine beim Backen mit Sauerteig. Sie werden feststellen, dass die Handgriffe und Bewegungen fast zu einem vertrauten Tanz werden. Mit der Übung kommt dann auch die Geschwindigkeit, die Sie für ein 10-Minuten-Brot benötigen.

Tipps zum Maschinenkneten

Den Teig für die runden und ovalen Brote knete ich in der Maschine. Küchenmaschinen haben eine wirklich kräftige Knetleistung und liefern gute Glutenentwicklung. Beginnen Sie aber immer mit langsamer Geschwindigkeit, bevor Sie Gas geben, denn sonst schleudert die Maschine das Mehl aus der Schüssel.

Tipps zum Vermengen von Hand

Den Teig für Kastenbrote mische ich von Hand. Zunächst verquirle ich Starter und Wasser mit einem großen Schneebesen, was der Hefe viel Sauerstoff und damit gute Triebkraft liefert. Dann vermenge ich den Teig kräftig mit einem großen Teigschaber. Ich halte ihn weit unten am Griff, damit ich mit dem Schabkopf kraftvoll an der Schüsselwand entlang arbeiten kann. Dadurch verbindet sich der Teig schneller. Bei dieser Methode sollten Sie die Schüssel also gut festhalten!

Tipps für weitere Zutaten

- Ich gebe weitere Zutaten erst zu, wenn das Gluten sich entwickelt hat, also am Ende des Knetvorgangs, oder erst, wenn ich das Brot forme. Ich versuche sie ins Innere einzuarbeiten, damit sie beim Backen nicht verbrennen. Dafür drücke ich sie in den Teig und falte ihn darüber (siehe S. 59). Wer möchte, kann Trockenobst vorher über Nacht einweichen und abtropfen lassen.

Tipps zum Gehen

- Wenn im Rezept nicht anders angegeben, lassen Sie den Teig möglichst bei einer Zimmertemperatur von 22 °C gehen. Unsere Küche in der Sourdough School hat diese Temperatur. Der Teig für die runden und ovalen Brote benötigt eine höhere Temperatur von 27 °C zum Gehen. Ein Grad mehr oder weniger schadet dem Teig aber nicht.

Tipps zu den Backformen

- Die Backformen großzügig mit Butter einfetten und mit Mehl bestäuben, schütteln und dann das überflüssige Mehl auskippen, bevor der Teig in die Form kommt.

Tipps zum Formen & Backen

- Beim Wirken des Teigs benetze ich meine Hände mit Öl oder Wasser, statt sie zu bemehlen. Das ist sauberer. Dazu verwende ich eine Teigkarte. Beim Wirken von Teigen für Focaccia, Pizza oder Fougasse strecke ich den Teig, bis ich Widerstand fühle, und höre dann auf. Dann warte ich 10–20 Sekunden, damit sich der Teig entspannt, bevor ich ihn wieder strecke. So reißt er später nicht.

- Backneulingen gelingt das Wirken des Teigs oft nicht, wenn sie ihn nur mit etwas Mehl bestäuben. Probieren Sie es mit Öl: Geben Sie etwas davon auf die Hände und etwas auf den Teig.

- Nutzen Sie immer Polenta oder groben Grieß, wenn Sie den Teig auf den Boden der Backglocke geben. Die kleinen Getreidekügelchen helfen, dass der Teig nicht anhaftet. So ist es auch einfacher, den Teig, falls nötig, noch einmal umzusetzen.

- Alle im Buch angegebenen Backtemperaturen beziehen sich auf Ober-/Unterhitze. Bei Umluft müssen Sie die Temperatur jeweils um 20 °C reduzieren.

- Jeder Backofen ist anders. Die Zeitangaben in diesem Buch sind also nur ein Richtwert. Testen Sie immer, ob Ihr Brot fertig ist, bevor Sie es endgültig aus dem Ofen nehmen. Ich gebe grundsätzlich etwas weniger Backzeit an als benötigt, damit Sie Ihren Teig besser kennenlernen und kontrollieren können, wann er wirklich fertig ist. Ich stelle den Backofen außerdem oft am Ende der Backzeit aus und lasse das Brot 5–8 Minuten bei geöffneter Tür weiterbacken, bevor ich es zum Auskühlen auf ein Ofengitter lege. Bei Metallformen lasse ich das Gebäck dagegen etwa 5 Minuten abkühlen, bevor ich es schließlich zum Auskühlen auf ein Ofengitter setze.

Arten von Mehl

Weizen

Die meisten Hobbybäcker verwenden Weizenmehl. Für eine gesunde Ernährung ist die Vollkornvariante jedoch besser. Für Weißmehl wird nur der Mehlkörper verwendet, während Kleie und Keimling mit ihren Nährstoffen entfernt werden. Vollkornmehl ist daher reicher an Proteinen, Ballaststoffen und Mineralien.

Dinkel

Dinkel verleiht dem Brot eine wunderbare leichte Süße. Das Getreide ist reich an Ballaststoffen und Proteinen und ist eine gute Quelle für Vitamin B, E und andere Mikronährstoffe. Dinkel soll sich außerdem positiv auf den Cholesterinspiegel auswirken und möglicherweise eine Schutzwirkung gegen Diabetes Typ 2 haben.

Roggen

Roggen ist eine gute Quelle für Ballaststoffe, Vitamin E und Mineralstoffe. Reines Roggenmehl ergibt eine eher dichte Krume, aber in Kombination mit Dinkel, Emmer oder Einkorn bringt es viel Geschmack und ist gesund. Es wirkt sich positiv auf den Blutzucker aus und kann vor Darmkrebs schützen.

Gerste

Das Nährstoffprofil von Gerste ist einzigartig. Dank ihres im Vergleich zu Weizen höheren Ballaststoffanteils ist sie sehr gesund. Sie ist besonders reich an Beta-Glucanen, einem löslichen Ballaststoff, der sich positiv auf Cholesterinspiegel und Blutzucker auswirken soll. Gerste hat einen wunderbaren, leicht süßen, nussigen Geschmack.

Einkorn

Die aromatische und nährstoffreiche alte Getreidesorte enthält viele essenzielle Fettsäuren, Vitamine und Mineralstoffe. Zudem liefert sie viele Carotinoide, die eine antioxidative Wirkung haben. Damit unterstützen sie das Immunsystem des Körpers und schützen uns vor Krankheiten.

Emmer

Wie viele alte Getreide enthält Emmer mehr Ballaststoffe als moderne Weizensorten. Es ist zudem reich an Vitamin B_3, das die Herzgesundheit stärkt und den Cholesterinspiegel senkt. Es ist aber auch reich an Magnesium, Zink und Eisen. Frisch gemahlener Emmer hat einen süßen, nussigen Geschmack.

Khorasan-Weizen

Mit seinem süßen, nussigen, buttrigen Aroma ist Khorasan-Weizen (auch unter dem Markennamen Kamut bekannt) wunderbar zum Backen geeignet. Sein hoher Antioxidantiengehalt kann potenziell Zellschäden vermindern. Studien deuten darauf hin, dass er so das Risiko für Herz-Kreislauf-Erkrankungen reduzieren könnte (Links zu allen genannten Studien finden Sie auf S. 138).

HINWEIS

Mehl variiert von Sorte zu Sorte und von Herkunftsland zu Herkunftsland, besonders hinsichtlich der Proteinzusammensetzung. Lösungen für Probleme, wie eine zu dichte Krume, finden Sie unter „Problemlösungen" (siehe S. 22–23).

Mein Vollkornmehlmix

Wenn ich aus meinen vielen Jahren Backerfahrung mit Sauerteig eines gelernt habe, dann, dass vollwertiges Essen unsere Gesundheit fördert. Studien belegen, dass eine gesunde und ausgewogene Darmflora viele Vorteile hat und unser Immunsystem stärkt. Die beste Möglichkeit, diese Mikroorganismen in unserem Darm zu nähren, ist eine abwechslungsreiche Ernährung. Daher nutze ich eine möglichst große Vielfalt an Zutaten für meine Brote. Dazu zählen auch verschiedene Mehlsorten mit unterschiedlichen Nährstoffen und Geschmacksnoten. Sie können dafür die Vollkornmehlsorte häufig wechseln oder aus verschiedenen Getreidesorten Ihre eigene Mischung zubereiten und verschiedene Samen, Kräuter und essbare Blüten untermischen. So entsteht eine Mischung mit guter Backqualität und Geschmack. Ich rate allen Bäckern dazu, sich mit den Mehlen vertraut zu machen, die sie verwenden, denn ihre unterschiedlichen Eigenschaften zu kennen, ist der erste Schritt zu großartigem Brot.

Um mein Brot abwechslungsreicher zu gestalten, stelle ich nach dem Rezept unten meine eigene Mehlmischung her. Sie vor jedem Backen anzusetzen, wäre zu zeitaufwendig. Daher setze ich immer etwa 8 kg an und lagere die Mischung in einem luftdichten Behälter. So habe ich sie beim Backen griffbereit. Sie reicht für etwa 16 Brote.

ZUTATEN

5 kg steingemahlenes Bio-Weizenvollkornmehl (11,5 % Eiweiß)
1 kg Bio-Dinkelvollkornmehl
500 g Bio-Einkornmehl
500 g Bio-Emmermehl
500 g Bio-Khorasan-Weizenmehl
200 g Bio-Roggenmehl
200 g Bio-Gerstenmehl
40 g Leinsamen
20 g getrocknete Kräuter (Petersilie, Oregano oder Italienische-Kräuter-Mischung)
20 g getrocknete essbare Blütenblätter (z. B. Rosenblätter oder Kornblumen)
10 g Zimtpulver (oder andere Gewürze wie z. B. Paprikapulver)

Alles gründlich vermengen und in einem luftdichten Behälter aufbewahren. Sie können sie in allen Rezepten in diesem Buch verwenden, in denen steingemahlenes Bio-Vollkornmehl als Zutat angegeben ist.

Utensilien

Diese Liste mag auf den ersten Blick abschrecken. Als Einsteiger benötigt man natürlich nicht alle der hier aufgelisteten Utensilien und manche sind vermutlich schon vorhanden. Unbedingt empfehlenswert ist jedoch eine Backglocke – sie ist ein kleines Wunderwerk.

BACKBLECHE & BACKFORMEN

Die meisten Küchen sind damit bereits ausgestattet. Falls nicht, empfehle ich, in robuste Backformen hoher Qualität zu investieren. Sie verteilen die Hitze beim Backen gleichmäßiger und halten ein Leben lang. Ich verwende für die Rezepte in diesem Buch folgende Formen: eine 900-g-Kastenform (25 × 13 × 8,5 cm); eine hohe 1,3-kg-Kastenform (21,5 × 13 × 12 cm); eine flache 1,3-kg-Kastenform (28 × 13 × 7 cm), eine Kastenform mit Deckel/Toastbrotform (33 × 10 × 10 cm), eine 3-l-Gugelhupfform (25 cm Durchmesser, 10 cm hoch) und eine 1-kg-Panettone-Form/hohe Springform (15 cm Durchmesser, 12,5 cm hoch).

BACKGLOCKE

Eine Back- oder Brotglocke ist eine lohnende Investition, denn sie schafft die beste Backumgebung, die in einem Haushaltsbackofen möglich ist. Sie verteilt die Hitze beim Backen gleichmäßig und umgibt das Brot mit Dampf, sodass es knusprig und luftig wird. Ähnlich funktioniert das Backen im Dutch Oven oder tiefen Bräter, aber den eingeritzten Teig in ein tiefes, enorm heißes Gefäß zu geben, ist nicht einfach. Es benötigt zwei Personen und man verbrennt sich schnell dabei.

BACKPAPIER

Ich empfehle, Metallformen und Backbleche mit Backpapier auszulegen, damit das Brot nicht festklebt. Mit einem mit Grieß oder Polenta bestreuten Backpapier ist es außerdem einfacher, einen Laib Brot in den Backofen zu heben.

DIGITALE KÜCHENWAAGE

Alle Zutaten werden in Gramm abgewogen (auch Flüssigkeiten), um beim Backen zuverlässige Resultate zu erhalten. Eine digitale Küchenwaage mit 1-g-Intervallen ist daher empfehlenswert.

GÄRKORB

Die Schale aus Peddigrohr, Weide oder Stroh hält den Brotteig beim Gehen in Form. Sie benötigen eine große, runde Schale für die Laibbrote in diesem Buch. An den Naturmaterialien bleibt der Teig leider schnell kleben, daher ist ein mit Leinen ausgeschlagener Gärkorb für Anfänger leichter zu handhaben. Wer aber nicht gleich in einen Gärkorb investieren möchte, kann auch ein Sieb oder eine Schüssel mit einem kräftig bemehlten Küchentuch auslegen.

KÜCHENMASCHINE

Für das Grundrezept Sauerteiglaib, das ich für dieses Buch entwickelt habe (siehe S. 39), braucht man eine Küchenmaschine mit Knethaken, die den Teig in 10 Minuten kräftig kneten kann. Wer keine solche Maschine besitzt, kann den Teig auch von Hand wirken, aber das kann etwas länger dauern. Beachten Sie bei Maschinen immer die Herstellerangaben.

KÜCHENTHERMOMETER

Mit einem Küchenthermometer kann man die Wassertemperatur beim Auffrischen des Starters und beim Wirken des Teigs kontrollieren.

KÜCHENTIMER

Um nicht zu vergessen, wie lange etwas bereits im Ofen ist, kann ein Küchentimer oder auch das Handy sinnvoll sein.

KÜCHENTÜCHER

Ich nutze zum Backen nur hochwertige Leinentücher, ob zum Abdecken des Teigs beim Gehen oder zum Auslegen der Gärkörbe. Frisch gebackenes Brot lässt sich in ein sauberes Tuch eingeschlagen auch am besten lagern. Um einen Gärkorb damit auszulegen, besprenkeln Sie es zuerst mit Wasser und bemehlen es dann kräftig. Anschließend lässt man es trocknen und schüttelt das überschüssige Mehl ab. Das benutzte Tuch trocknet man am besten in der Sonne und schüttelt es aus (Waschen ist nicht nötig).

OFENGITTER

Sie benötigen ein Ofengitter, um das Brot nach dem Backen auskühlen zu lassen.

OFENHANDSCHUHE

Backglocke und andere Formen werden im Ofen sehr heiß, daher sind dicke Ofenhandschuhe sinnvoll.

RÜHRSCHÜSSEL

Beim Brotbacken braucht man reichlich Platz, um die Zutaten zu vermengen. Eine große, weite Schüssel ist daher gut geeignet. Wählen Sie lieber eine Nummer zu groß als zu klein.

SPRÜHFLASCHE

Mit einer kleinen Sprühflasche mit Olivenöl lassen sich Backformen leicht einfetten. Wenn mein Teig fertig ist, benetze ich ihn außerdem mit fünf Sprühstößen Öl. So trocknet er nicht aus, wenn ich ihn über Nacht gehen lasse.

TEIGKARTE

Sie ist preiswert und äußerst praktisch. Mit einer Teigkarte aus Kunststoff lässt sich der Teig viel einfacher handhaben und man kann ihn damit auch teilen oder die Arbeitsfläche damit sauber schaben.

TEIGMESSER

Es sollte eine scharfe Klinge zum Einschneiden des Teigs haben, damit er nicht reißt. Praktisch sind Teigmesser mit austauschbarer Klinge. So bleiben sie immer scharf.

TEIGSCHABER ODER HOLZLÖFFEL

Ich benutze einen hölzernen Spatel zum Vermengen des Teigs.

TÖPFE ODER GLÄSER MIT DECKEL

Ich bewahre meinen Sauerteigstarter immer in einem Schraubglas oder Steinguttopf auf, nie in einem Gefäß aus Metall oder Kunststoff. Es muss groß genug sein, dass der Starter nach dem Füttern aufgehen kann. Ich nutze gerne zwei identische Gefäße: Eines ist in Gebrauch, in das zweite fülle ich den Starter um, wenn ich das erste reinige.

WACHSTÜCHER

Ein abgedeckter Teig bleibt feucht und kann gut aufgehen. Wachstücher sind eine gute und umweltfreundliche Alternative zu Frischhaltefolie. Sie lassen sich einfach selbst herstellen und häufig wiederverwenden. Auch eine Duschhaube, die sich waschen und wiederverwenden lässt, ist eine praktische Abdeckung.

Problemlösungen

Die meisten Probleme mit Sauerteig entstehen dadurch, dass der Starter nicht richtig aufgefrischt wird, das Mehl mehr oder weniger Wasser benötigt oder Timing und/oder Temperatur nicht stimmen. Bis Sie sich auf Ihr Mehl, den Ofen und das Klima Ihrer Küche eingestellt haben, braucht es vermutlich einige Versuche. Hier sind die häufigsten Probleme und ihre Lösungen.

Mein Sauerteig geht nicht genug auf

Der Starter sollte lebhaft sein und Blasen werfen, wenn Sie den Teig wirken. Ist er nicht richtig reif, hat er nicht genug Treibkraft, damit später das Brot aufgehen kann. Ist der Starter aktiv, der Teig geht aber dennoch nicht auf, erhöhen Sie die Wassertemperatur leicht (um 1–2 °C) oder lassen Sie den Teig in einer etwas wärmeren Umgebung gehen. Es ist auch möglich, dass das Mehl mehr Wasser benötigt, weil es vielleicht viele Ballaststoffe oder Eiweiß enthält (siehe rechts, „Die Krume ist zu dicht").

Der Teig scheint vor dem Backen zu fest

Manche Vollkornmehle enthalten sehr viele Ballaststoffe, die den Teig fest erscheinen lassen. Geben Sie daher etwas mehr Wasser zu – etwa 10 g pro Backversuch, bis das Gleichgewicht stimmt.

Der Teig klebt an der Backform

Fetten Sie die Form großzügig ein und stäuben Sie sie kräftig mit Mehl, Samen oder Haferflocken ein. Oder legen Sie sie mit Backpapier aus, das geht schneller.

Die Krume ist zu dicht

Die meisten Sauerteigbäcker wünschen sich eine offene, luftige Krume. Damit sie gelingt, sind verschiedene Dinge notwendig. Vergessen Sie nicht, dass es etwas Übung und Erfahrung braucht, bis alles gelingt. Achten Sie darauf, dass das Mehl ausreichend Wasser aufgenommen hat (Hydratation). Unterschiedliche Mehle benötigen unterschiedlich viel Wasser. Lernen Sie Ihr Mehl kennen und passen Sie die Wassermenge entsprechend an. Ist die Krume zu dicht, geben Sie beim nächsten Backen 10–20 g Wasser mehr dazu. Überwirken Sie den Teig beim Formen nicht, sonst zerstören Sie das Klebergerüst des Glutens oder schlagen alle Luft aus dem Teig, die beim Gehen entstanden ist. Der richtige Zeitpunkt zum Backen ist, wenn der Teig gut aufgegangen ist, aber noch genug Ofentrieb hat. Das sorgt für eine offene Krume. Dampf am Anfang des Backens unterstützt den Ofentrieb des Teigs.

Mehle mit hohem Eiweißgehalt sorgen ebenfalls für einen schweren Teig. Sie benötigen mehr Wasser. Achten Sie daher auf den Eiweißgehalt des Mehls.

Mein Brot ist zu wenig oder zu kräftig gebacken

Jeder Ofen ist anders, daher empfehle ich immer, die Backzeiten nur als Richtwerte zu nutzen. Prüfen Sie das Brot 5–10 Minuten vor Ende der Backzeit zum ersten Mal, rechnen Sie aber damit, dass die Backzeit auch länger sein kann.

Mein Brot ist feucht oder leicht klebrig

Ist ein Brot am Ende der Backzeit noch nicht ganz fertig, schalte ich den Ofen aus und lasse es bei leicht geöffneter Tür noch einige Zeit ruhen. So kann es überschüssige Feuchtigkeit abgeben.

Mein Brot fällt ein

Meist ist der Teig dann zu stark gegangen. Schuld daran kann ein Teig mit zu aktiven Enzymen sein, die den Kleber abbauen, aber auch dass es ein heißer Tag ist, dass der Teig zu lange gegangen ist oder zu viel Wasser im Teig ist, sodass das Mehl nicht alles aufnehmen konnte. Jede dieser Faktoren kann dazu führen, dass der Teig zu stark geht und schon vor dem Backen die Oberkante der Form erreicht hat. Der Teig lässt sich in einer Backform aber immer noch backen. Am besten notiert man sich, was falsch gelaufen ist, und nimmt beim nächsten Mal kleine Änderungen vor (siehe rechts, „Änderungen").

Geht der Teig für einen Laib allerdings zu lang, sieht er im Gärkorb noch wunderbar aus, wird dann aber zur platten Flunder. Sie retten ihn am besten, indem Sie ihn mit den Fingern eindrücken, etwas Öl darübergeben und das Ganze Focaccia nennen (siehe Abb. oben).

ÄNDERUNGEN

Sie können natürlich versuchen sich mehr Zeit zum Backen zu nehmen, aber da Sie vermutlich nicht früher von der Arbeit wegkommen, ist das keine realistische Lösung. Hier einige andere Möglichkeiten:

Reduzieren Sie die Wassertemperatur um 2–3 °C – eine Reduktion um 1 °C verlangsamt den Vorgang um etwa 1 Stunde. So können Sie den Zeitpunkt, wann das Brot in den Ofen muss, an Ihre Bedürfnisse anpassen. Die Wassertemperatur ist wie ein Gaspedal. Sie können das Gehen des Teigs damit beschleunigen oder verlangsamen.

Sie können aber auch die Menge an Starter anpassen, die Sie verwenden. Reduzieren Sie die Startermenge um 20–30 Prozent, verändern Sie das Rezept aber ansonsten nicht. Notieren Sie sich, was anders ist, und passen Sie das Rezept an, bis das Starterverhältnis stimmt. An heißen Tagen habe ich die Startermenge schon um bis zu 50 Prozent reduzieren müssen! (Das kann beispielsweise bei heißem Wetter von 30 °C und mehr nötig sein.) Umgekehrt funktioniert es aber nicht, bei kaltem Wetter mehr Starter zu verwenden, denn die wilden Hefen und Bakterien benötigen für die Aktivierung weiterhin Wärme.

Das Bäckerjahr beginnt mit der neuen Ernte

Grundrezept Sauerteig-Kastenbrot 50:50

Dieses vielseitige, luftige, goldene Kastenbrot ist das perfekte Alltagsbrot für Sauerteig-Einsteiger. Es führt wunderbar in den Rhythmus der Sauerteigführung ein. Sobald es gelingt, beherrschen Sie die Grundlagen für alle weiteren Sauerteigbrote.

ERGIBT 1 BROT (KASTENFORM, 900 G)

ZUTATEN

100 g lebhafter Starter, Stufe 2 (siehe S. 12)
375 g warmes Wasser (27 °C)
250 g steingemahlenes Bio-Vollkornmehl (11,5 % Eiweiß)
250 g Bio-Weizenmehl (13 % Eiweiß)
10 g feines Meersalz
Butter (oder Ghee oder Kokosöl) zum Einfetten
1 EL Olivenöl zum Beträufeln

WELLNESS-FAKTOR

Geschmacksknospen und Verdauungssystem müssen sich anpassen, wenn man bisher an keine Vollkornprodukte gewöhnt ist. Daher ist dieses Brot mit seiner 50:50-Mischung ein guter Einstieg. Ballaststoffe sind nicht nur gut für die Verdauung, sondern senken auch das Risiko chronischer Krankheiten. Sie wandern unverdaut durch den Magen und dienen im Darm als Nährstoff für Bakterien der Darmflora.

Zeitpunkt	Schritt	Arbeit	Arbeitszeit
Tag 1: 20 Uhr	Stufe 1	DEN STARTER AUFFRISCHEN (siehe S. 12).	1 Minute
Tag 2: 8 Uhr	Stufe 2	DEN STARTER AUFFRISCHEN (siehe S. 12).	1 Minute
Tag 2: 19 Uhr	Wirken	ERSTES VERMENGEN DES TEIGS. 30 MINUTEN RUHEN LASSEN.	2 Minuten
Tag 2: 19.30 Uhr	Bassinage	ZWEITES VERMENGEN DES TEIGS. RESTLICHES WASSER EINARBEITEN. 30 MINUTEN RUHEN LASSEN.	1 Minute
Tag 2: 20 Uhr	Gehen	TEIG IN DIE FORM GEBEN UND ABGEDECKT ERNEUT GEHEN LASSEN.	1 Minute
Tag 3: 8 Uhr	Backen	DEN BACKOFEN VORHEIZEN UND BACKEN.	1 Minute
Tag 3: danach	Ende	HERAUSNEHMEN UND ABKÜHLEN LASSEN.	1 Minute

❶ Vor dem Wirken des Teigs muss der Starter wie auf Seite 12 beschrieben zweimal aufgefrischt werden.

Wirken

❷ Den Sauerteigstarter mit 350 g Wasser in einer großen Rührschüssel verquirlen, dann Mehl und Salz dazugeben und mithilfe des Teigschabers 2 Minuten kräftig zu einem glatten Teig vermengen, bis er eine feste Kugel bildet. 30 Minuten ruhen lassen.
❸ Inzwischen den restlichen Starter im Glas noch einmal auffrischen und dann bei Zimmertemperatur gehen lassen.

Bassinage

❹ Wenn sich der Kleber 30 Minuten entwickeln konnte, kann die Bassinage beginnen. Dabei wird dem Teig nach und nach Wasser hinzugefügt.
❺ Das restliche Wasser in eine Schüssel geben und mit den Händen wirken. Damit der Teig nicht kleben bleibt, die Hände zunächst mit lauwarmem Wasser anfeuchten. Überschüssiges Wasser abschütteln. Die Hände sollten nicht zu nass sein. Nun die Hände mit festen, gespreizten Fingern in den Teig drücken, dabei Hände sanft schließen und gegen den Uhrzeigersinn drehen, sodass der Teig zwischen den Fingern hindurchgedrückt wird. So wird die Bewegung eines Knethakens nachgeahmt. Hat der Teig lange genug geruht, sollte er nicht an den nassen Finger kleben bleiben. Nach einigen Drehungen die Hände erneut anfeuchten, überschüssiges Wasser abschütteln und die Schüssel drehen. Das Einarbeiten des Wassers sollte keine Minute dauern. Den Teig mit einem Küchentuch abdecken und weitere 30 Minuten ruhen lassen.

Gehen

❻ Die Kastenform einfetten und mit Backpapier auslegen, dann den Teig hineingeben. Mit einem Wachstuch oder einer Badehaube abdecken und über Nacht bei Zimmertemperatur gehen lassen.

Backen

❼ Am nächsten Morgen sollten Brotlaib und Starter jeweils ihr Volumen verdoppelt haben. Den Backofen 30 Minuten auf 220 °C (Ober-/Unterhitze) vorheizen und ein flaches Backblech auf den Ofenboden stellen.
❽ Etwas Öl seitlich in die Backform träufeln und die Form in den Ofen stellen. Die Temperatur auf 180 °C (Ober-/Unterhitze) reduzieren und etwas Wasser oder einige Eiswürfel auf das Backblech am Boden geben. Die Ofentür schnell schließen, damit der Dampf nicht entweicht. Das Brot 45–50 Minuten backen, bis es eine goldbraune Kruste hat.
❾ Das Brot aus dem Ofen nehmen und 5 Minuten in der Form abkühlen lassen. Dann auf ein Ofengitter stürzen und auskühlen lassen. Nach Belieben das fertige Brot noch einmal einige Minuten in den Ofen geben, damit die Kruste auch dort knusprig wird, wo das Brot die Form berührt hat. Der Starter ist nun fertig und kann bis zum nächsten Backen im Kühlschrank gelagert werden.
❿ Das ausgekühlte Brot in ein sauberes, trockenes Küchentuch gewickelt lagern und innerhalb von 3–4 Tagen verzehren.

BASSINAGE

Grundrezept Sauerteig-Honigkuchen

Dieser reine Vollkornkuchen ist wirklich schnell zubereitet, wunderbar leicht und saftig. Das Beste an diesem Rezept ist jedoch, dass dieser Kuchen auch noch sehr gesund für die Darmflora ist.

ERGIBT 1 GROSSEN KUCHEN (KASTENFORM, 900 G)

ZUTATEN

100 g lebhafter Starter, Stufe 2 (siehe S. 12)
65 g warmes Wasser (27 °C)
250 g Bio-Einkornvollkornmehl (oder Dinkel- oder Emmermehl)
200 g weiche Butter, zzgl. etwas zum Einfetten
3 zimmerwarme Eier (Größe L)
200 g Zucker
3 g feines Meersalz
½ TL Vanilleextrakt (oder das Mark von 1 Vanilleschote)
1 EL flüssiger Honig

WELLNESS-FAKTOR

Wer nach dem Verzehr von Brot Verdauungsprobleme hat, hat diese meist auch nach dem Verzehr von Kuchen oder anderen Backwaren. Müdigkeit und Schmerzen nach dem Verzehr von Gebackenem deuten auf eine Entzündung hin. Wenn die Darmflora angegriffen ist, kann Gluten die Entzündung verstärken, was dem Körper auf Dauer schadet. Durch langsame Fermentation wird Gluten abgebaut und erleichtert so die Verdauung. Zudem nähren Ballaststoffe des vollen Korns die Bakterien der Darmflora, wodurch diese sich erholen kann.

Zeitpunkt	Schritt	Arbeit	Arbeitszeit
Tag 1: 20 Uhr	Stufe 1	DEN STARTER AUFFRISCHEN (siehe S. 12).	1 Minute
Tag 2: 8 Uhr	Stufe 2	DEN STARTER AUFFRISCHEN (siehe S. 12).	1 Minute
Tag 2: 19 Uhr	Wirken	ERSTES VERMENGEN DES TEIGS. 30 MINUTEN RUHEN LASSEN.	2 Minuten
Tag 2: 19.30 Uhr	Bassinage	ZWEITES VERMENGEN DES TEIGS. RESTLICHES WASSER EINARBEITEN. 30 MINUTEN RUHEN LASSEN.	1 Minute
Tag 2: 20 Uhr	Gehen	TEIG IN DIE FORM GEBEN UND ABGEDECKT ERNEUT GEHEN LASSEN.	1 Minute
Tag 3: 8 Uhr	Backen	DEN BACKOFEN VORHEIZEN UND BACKEN.	1 Minute
Tag 3: danach	Ende	HERAUSNEHMEN UND ABKÜHLEN LASSEN.	1 Minute

❶ Vor dem Wirken des Teigs muss der Starter wie auf Seite 12 beschrieben zweimal aufgefrischt werden.

Wirken

❷ Den Sauerteigstarter mit 30 g Wasser in einer großen Rührschüssel verquirlen, dann die restlichen Zutaten (bis auf den Honig) dazugeben und vorsichtig vermengen, bis alle Zutaten gleichmäßig eingearbeitet sind und kein trockenes Mehl mehr übrig bleibt. 30 Minuten ruhen lassen.
❸ Inzwischen den restlichen Starter im Glas nochmals auffrischen und bei Zimmertemperatur gehen lassen.
❹ Nach 30 Minuten 35 g Wasser einarbeiten. (Bei diesem Rezept benutze ich dafür einen Holzlöffel und nicht die Hände.) Der Teig sollte die Konsistenz eines Rührteigs haben und langsam vom Löffel tropfen. Ist er zu zäh, weitere 10 g Wasser einrühren.

Gehen

❺ Die Kastenform einfetten und mit Backpapier auslegen, dann den Teig hineingeben. Abdecken und über Nacht bei Zimmertemperatur gehen lassen.

Backen

❻ Am nächsten Morgen den Backofen auf 180 °C (Ober-/Unterhitze) vorheizen. Die Kastenform mit einem Stück Alufolie kuppelförmig überdachen und in den Ofen geben. So wird der Kuchen oben nicht zu dunkel und es sorgt für mehr Dampf rund um den Kuchen, sodass er saftig bleibt.
❼ Den Kuchen 45 Minuten backen. Die Folie kurz vor Ende der Backzeit entfernen. Den Kuchen aus dem Ofen nehmen und mit einem in die Mitte gesteckten Spieß überprüfen, ob er gar ist. Es sollte kein Teig mehr kleben bleiben. Ansonsten weitere 3–4 Minuten in den Ofen stellen und erneut testen.
❽ Den Kuchen 5 Minuten in der Form abkühlen lassen, dann vorsichtig aus der Form lösen und auf einem Ofengitter auskühlen lassen. Den noch warmen Kuchen mit dem Honig beträufeln.
❾ Der Starter sollte nun fertig sein und kann bis zum nächsten Backen im Kühlschrank gelagert werden.
❿ Den ausgekühlten Kuchen in Backpapier einschlagen und in einer Dose lagern. Innerhalb von 3–4 Tagen verzehren.

Grundrezept Sauerteig-Ciabatta

Mit einer Mischung aus Khorasan-Weizen und Weißmehl ist der Teig einfacher zu handhaben. Mit der Zeit kann der Khorasan-Anteil erhöht werden. ERGIBT 8 CIABATTA-BROTE

ZUTATEN

100 g lebhafter Starter, Stufe 2 (siehe S. 12)
450 g warmes Wasser (27 °C)
250 g Bio-Weizenmehl (13 % Eiweiß), zzgl. 130 g zum Arbeiten
250 g Bio-Khorasan-Weizenmehl
10 g feines Meersalz
Olivenöl zum Einfetten

WELLNESS-FAKTOR

Khorasan-Weizen ist eine alte Hartweizen-Hybride. Er ist reich an Selen und enthält Carotinoide, die stark antioxidativ wirken.

TIPP

Dies ist ein nasser Teig, der in der Küchenmaschine mit dem Knethaken geknetet werden muss. Er sollte dabei und beim Ruhen bei 26 °C gehalten werden.

Zeitpunkt	Schritt	Arbeit	Arbeitszeit
Tag 1: 20 Uhr	Stufe 1	DEN STARTER AUFFRISCHEN (siehe S. 12).	1 Minute
Tag 2: 8 Uhr	Stufe 2	DEN STARTER AUFFRISCHEN (siehe S. 12).	1 Minute
Tag 2: 19 Uhr	Wirken	ERSTES VERMENGEN DES TEIGS. 30 MINUTEN RUHEN LASSEN.	3 Minuten
Tag 2: 19.30 Uhr	Bassinage	ZWEITES VERMENGEN DES TEIGS. 50 G WASSER EINARBEITEN. 30 MINUTEN RUHEN LASSEN.	1 Minute
Tag 2: 20 Uhr	Bassinage	ERNEUT WIRKEN. 50 G WASSER EINARBEITEN. 30 MINUTEN RUHEN LASSEN.	1 Minute
Tag 2: 20.30 Uhr	Gehen	TEIG IN DIE FORM GEBEN UND ABGEDECKT IM KÜHLSCHRANK ÜBER NACHT GEHEN LASSEN.	1 Minute
Tag 3: 8 Uhr	Teilen & formen	DEN TEIG TEILEN UND 1 STUNDE GEHEN LASSEN.	1 Minute
Tag 3: 9 Uhr	Backen	DEN BACKOFEN VORHEIZEN UND BACKEN.	1 Minute
Tag 3: danach	Ende	HERAUSNEHMEN UND ABKÜHLEN LASSEN.	1 Minute

❶ Vor dem Wirken des Teigs muss der Starter wie auf Seite 12 beschrieben zweimal aufgefrischt werden.

Wirken

❷ Den Sauerteigstarter mit 300 g Wasser in der Schüssel der Küchenmaschine verquirlen, bis er in der Flüssigkeit vollständig gelöst ist. 250 g Mehl, 250 g Khorasan-Mehl und Salz 2 Minuten auf kleiner Stufe mit dem Knethaken verrühren. Weitere 50 g Wasser dazugeben und 1 Minute einkneten. Die Geschwindigkeit alle 10 Sekunden stufenweise erhöhen, bis die höchste Stufe erreicht ist. Den Teig dann an einem warmen Ort 30 Minuten gehen lassen (z. B. im Heizungskeller oder im Ofen mit eingeschaltetem Licht bei 26 °C). Dann weitere 50 g Wasser wie beschrieben einkneten und 30 Minuten an einem warmen Ort gehen lassen. Schließlich noch einmal 50 g Wasser einarbeiten und bei hoher Geschwindigkeit 1 Minute kneten und wieder an einem warmen Ort 30 Minuten gehen lassen.
❸ Inzwischen den restlichen Starter im Glas noch einmal auffrischen und bei Zimmertemperatur gehen lassen.

Gehen

❹ Den Boden eines großen, tiefen Backblechs mit 100 g Mehl bestäuben. Den Teig daraufgeben und mit 30 g Mehl bestäuben. Mit einem Küchentuch abdecken und bei 5 °C im Kühlschrank über Nacht ruhen lassen.

Schneiden

❺ Am Morgen zwei Backbleche mit Backpapier auslegen. Den Teig aus dem Kühlschrank nehmen (er sollte sein Volumen über Nacht verdoppelt haben). Den noch kalten Teig mit eingeölten Händen auf die großzügig bemehlte Arbeitsfläche geben (reichlich Mehl verwenden, damit der Teig nicht festklebt). Zu einem Rechteck falten und mit der Teigkarte in 8 gleich große Rechtecke teilen. Die Schnitte sollten senkrecht und schnell geführt werden. Während die eine Hand kraftvoll schneidet, den Teig mit der anderen nur sehr locker halten, um ihn nicht flach zu drücken. Die Teigstücke vorsichtig auf die Backbleche verteilen und bei Zimmertemperatur 1 Stunde gehen lassen.

Backen

❻ Den Backofen etwa 30 Minuten vor Beginn des Backens auf 220 °C (Ober-/Unterhitze) vorheizen und ein flaches Backblech auf den Boden des Ofens stellen.
❼ Die Brote in den Backofen schieben. Die Temperatur auf 200 °C (Ober-/Unterhitze) reduzieren und etwas Wasser oder einige Eiswürfel auf das Backblech am Boden geben. Die Ofentür schnell schließen, damit der Dampf nicht entweicht. Die Brote 18–20 Minuten backen, bis sie goldbraun sind. Kurz vor Ende der Backzeit mit einem Spieß testen, ob die Brote durchgebacken sind.
❽ Aus dem Ofen nehmen und auf einem Ofengitter auskühlen lassen. Der Starter sollte nun fertig sein und kann bis zum nächsten Backen im Kühlschrank gelagert werden.
❾ Die Ciabatta in ein sauberes, trockenes Küchentuch eingeschlagen lagern. Am besten schmecken sie frisch, sie halten sich aber auch bis zum nächsten Tag.

SCHNEIDETECHNIK

TECHNIK

Grundrezept Sauerteig-Pizza

Pizza ist in meiner Schule eines unserer Lieblingsrezepte. Freitags ist deshalb immer Pizza-Abend. **ERGIBT 4 PIZZEN**

ZUTATEN

Olivenöl zum Einfetten und Beträufeln
Polenta zum Bestäuben
Pizza-Belag nach Belieben und frische Kräuter

FÜR DEN TEIG

100 g lebhafter Starter, Stufe 2 (siehe S. 12)
300 g lauwarmes Wasser (21 °C), zzgl. 20 g bei Bedarf
350 g Bio-Weizenmehl (13 % Eiweiß), zzgl. etwas zum Bestäuben
150 g steingemahlenes Bio-Vollkornmehl (11,5 % Eiweiß)
10 g feines Meersalz

WELLNESS-FAKTOR

Ich kann jeden verstehen, der am Ende einer hektischen Arbeitswoche einfach eine Fertigpizza kauft. Grundsätzlich sind solche Pizzen aber ballaststoffarm und die der Lieferdienste sind oft sehr fettig. Dieses Rezept hat weniger Fett und mehr Ballaststoffe. Es ist also nicht nur schnell, einfach und preiswert, sondern auch noch gesünder. Da der Teig über Nacht geht, hat er mehr Geschmack und ist einfacher verdaulich und dank der Ballaststoffe bleibt man außerdem länger satt.

Zeitpunkt	Schritt	Arbeit	Arbeitszeit
Tag 1: 20 Uhr	Stufe 1	DEN STARTER AUFFRISCHEN (siehe S. 12).	1 Minute
Tag 2: 8 Uhr	Stufe 2	DEN STARTER AUFFRISCHEN (siehe S. 12).	1 Minute
Tag 2: 20 Uhr	Wirken	DEN TEIG VERMENGEN.	2 Minuten
Tag 2: 20.02 Uhr	Gehen	ÜBER NACHT GEHEN LASSEN.	1 Minute
Tag 3: 8 Uhr	Teilen	DEN TEIG TEILEN UND ZU KUGELN FORMEN. 1½ STUNDEN GEHEN LASSEN. DANN BIS ZUM BACKEN IN DEN KÜHLSCHRANK STELLEN.	1 Minute
Tag 3: 1 Stunde vor dem Backen		DEN TEIG AUS DEM KÜHLSCHRANK NEHMEN.	1 Minute
Tag 3: Kurz vor dem Backen	Formen	DEN BACKOFEN VORHEIZEN. DIE TEIGKUGELN ZU PIZZABÖDEN FORMEN UND BELEGEN.	1 Minute
	Backen	BACKEN UND GENIESSEN.	1 Minute

❶ Vor dem Wirken des Teigs muss der Starter wie auf Seite 12 beschrieben zweimal aufgefrischt werden.

Wirken

❷ Den Sauerteigstarter mit 300 g Wasser in einer großen Rührschüssel verquirlen. Mehl und Salz dazugeben und 2 Minuten kräftig zu einem Teig vermengen, bis alles Wasser aufgenommen und kein trockenes Mehl mehr übrig ist. Falls nötig, weitere 20 g Wasser einarbeiten. Den restlichen Starter im Glas noch einmal auffrischen und bei Zimmertemperatur gehen lassen.

Gehen

❸ Rundum etwas Olivenöl in die Schüssel träufeln, den Teig mit einem Küchentuch abdecken und über Nacht bei Zimmertemperatur gehen lassen.

Formen & backen

❹ Am nächsten Morgen den Teig mit eingeölten Händen in 4 gleich große Stücke teilen und zu Kugeln formen. Ein Backblech leicht einfetten, die Teigkugeln daraufgeben und abgedeckt 1½ Stunden gehen lassen, bis sie ihr Volumen verdoppelt haben. Dann bis zum Backen in den Kühlschrank stellen. Den Pizzateig am besten am selben Tag backen, spätestens am nächsten.

❺ Den Teig 1 Stunde vor dem Backen aus dem Kühlschrank nehmen und Zimmertemperatur annehmen lassen.

❻ Einen Pizzastein in den Backofen legen und den Ofen auf höchste Temperatur vorheizen (mind. 300 °C Ober-/Unterhitze).

❼ Die Teigkugeln einzeln zu Pizzaböden formen. Die Kugeln dazu nach Bedarf leicht mit Mehl bestäuben und mit den Fingern von der Mitte nach außen drücken. Den Teig so abwechselnd leicht strecken und drehen (siehe S. 17, „Tipps zum Formen & Backen"). Wenn die Teigplatte etwas größer ist, kann man sie aufnehmen und in den Händen wie ein Lenkrad drehen. Die Schwerkraft streckt dabei den Teig. Oder man lässt den Teig 1 Minute ruhen und drückt ihn dann mit den Fingern zur gewünschten Größe von 20–22 cm Durchmesser. Den Vorgang mit allen Teigkugeln wiederholen. Die Pizzaböden lassen sich gut einfrieren und können später ohne Auftauen gebacken werden. Die Backzeit verlängert sich dann um 2–3 Minuten.

❽ Die Pizzaschaufel großzügig mit Polenta bestäuben und einen Pizzaboden darauflegen. Die Pizza nach Belieben belegen und dann vorsichtig auf den vorgeheizten Pizzastein schieben. Die Backzeit hängt davon ab, wie heiß der Ofen wird. Etwa 6–8 Minuten backen. Die Pizza beim Backen im Auge behalten.

❾ Die Pizza vor dem Servieren mit frischen Kräutern bestreuen und mit Olivenöl beträufeln. Der Starter sollte nun fertig sein und kann bis zum nächsten Backen im Kühlschrank gelagert werden.

TECHNIK

Grundrezept Sauerteiglaib

Beim schnellen runden Sauerteigbrot geht es nicht nur ums Rezept, sondern um die Technik und darum zu verstehen, wie man sich dabei die Zeit zum Verbündeten macht. Um die richtige Struktur zu erhalten, muss der Laib optimal gehen. Kastenbrote und Kuchen verzeihen dagegen kleine Fehler, da die Kastenform sie stützt. Der Teig für den Laib muss in kurzer Zeit gehen und seine Form beim Backen halten. Das Geheimnis sind 3 Stunden, in denen der Teig abwechselnd kräftig gewirkt wird und in Ruhe gehen darf. So kann das Mehl das Wasser aufnehmen. Den Rest übernimmt die Zeit. So einfach ist das. Und trotzdem ist es manchmal nicht ganz einfach, es richtig hinzubekommen. Denn nur Vermengen und Wirken reichen nicht aus. Damit das Klebergerüst sich richtig entwickelt, verwende ich zudem etwas mehr Starter als für einen klassischen Sauerteiglaib. Meine besten Tipps sind, den Teig kräftig zu kneten, ruhen zu lassen und warm zu halten. Damit er optimal geht, benötigt er 27 °C. Sie brauchen Geduld, eine Küchenmaschine und ein Küchenthermometer, damit das Gluten in nur 10 Minuten effektiver Arbeitszeit sein Klebergerüst entwickeln kann. ERGIBT 1 GROSSEN LAIB (850 G)

ZUTATEN

150 g lebhafter Starter, Stufe 2 (siehe S. 12)
380 g warmes Wasser (27 °C)
400 g Bio-Weizenmehl (13 % Eiweiß), zzgl. etwas zum Arbeiten
100 g steingemahlenes Bio-Vollkornmehl (11,5 % Eiweiß)
10 g feines Meersalz
Olivenöl zum Arbeiten
2 EL Polenta

TIPP

Sie können den Teig auch von Hand wirken. Dabei sinkt allerdings seine Temperatur schneller ab und Sie benötigen mehr als 10 Minuten effektive Arbeitszeit.

Zeitpunkt	Schritt	Arbeit	Arbeitszeit
Tag 1: 20 Uhr	Stufe 1	DEN STARTER AUFFRISCHEN (siehe S. 12).	1 Minute
Tag 2: 8 Uhr	Stufe 2	DEN STARTER AUFFRISCHEN (siehe S. 12).	1 Minute
Tag 2: 19 Uhr	Wirken	IN DER MASCHINE KNETEN, ABDECKEN UND 1 STUNDE RUHEN LASSEN.	1–2 Minuten
Tag 2: 20 Uhr	Bassinage	20 G WARMES WASSERS DAZUGEBEN UND AUF HÖCHSTER STUFE 1 MINUTE KNETEN, DANN 20 MINUTEN RUHEN LASSEN.	1 Minute
Tag 2: 20.20 Uhr	Bassinage	10 G WARMES WASSER DAZUGEBEN. AUF HÖCHSTER STUFE 1 MINUTE KNETEN. WEITERE ZUTATEN EINKNETEN. 1 STUNDE RUHEN LASSEN.	1 Minute
Tag 2: 21.20 Uhr	Falten & formen	FALTEN UND FORMEN, DANN ABGEDECKT RUHEN LASSEN. TEIG AUF 27 °C HALTEN.	1 Minute
Tag 2: 22 Uhr	In den Kühlschrank	TEIG ÜBER NACHT BEI 5 °C IN DEN KÜHLSCHRANK STELLEN.	1 Minute
Tag 3: 8 Uhr	Backen	DEN BACKOFEN VORHEIZEN UND BACKEN.	1 Minute
Tag 3: danach	Ende	HERAUSNEHMEN UND ABKÜHLEN LASSEN.	1 Minute

❶ Vor dem Wirken des Teigs muss der Starter wie auf Seite 12 beschrieben zweimal aufgefrischt werden.

Wirken

❷ Den Sauerteigstarter und 350 g Wasser mit der Küchenmaschine gründlich verquirlen. Mehl und Salz darüberstreuen und 2 Minuten mit dem Knethaken kräftig verkneten, bis kein trockenes Mehl mehr übrig ist und der Teig eine Kugel bildet. Er fühlt sich nun noch sehr steif an, aber mit der geringeren Menge Wasser kann das Gluten sein Klebergerüst gut entwickeln.
❸ Den Teig mit einem Küchentuch abdecken und 1 Stunde gehen lassen. Inzwischen den restlichen Starter im Glas noch einmal auffrischen und bei Zimmertemperatur gehen lassen.

Bassinage

❹ Für die Bassinage den Teig abwechselnd wirken und ruhen lassen. Dabei muss er bei 27 °C gehalten werden. Fallende oder steigende Teigtemperatur durch den Einsatz von etwas wärmerem oder kühlerem Wasser ausgleichen. Nutzen Sie bei diesem Rezept für die Bassinage die Küchenmaschine.
❺ Zunächst 20 g Wasser in die Schüssel geben und bei höchster Stufe mit der Küchenmaschine einarbeiten, dann 20 Minuten ruhen lassen.
❻ Nun 10 g Wasser bei höchster Stufe einarbeiten. Dann den Teig in eine weite Schüssel geben und mit einem Küchentuch abgedeckt 1 Stunde ruhen lassen.

Formen

❼ Die Hände einölen. Den Teig von der Vorderkante nach hinten doppelt falten. Dann von einer Seite zur Mitte falten und anschließend von der anderen (siehe Abb. rechts). Den Teig wenden und mit Polenta bestäuben. Den geformten Teig mit der bestäubten Seite nach unten in einen gut bemehlten Gärkorb legen. Das Bemehlen von Korb und Teig verhindert, dass der Teig festklebt.

Gehen

❽ Mit einem Küchentuch abdecken und weitere 40 Minuten bei 27 °C gehen lassen, dann über Nacht bei 5 °C in den Kühlschrank stellen.

Backen

❾ Am nächsten Morgen die Backglocke in den Backofen stellen und 30 Minuten auf 220 °C (Ober-/Unterhitze) vorheizen.
❿ Die Backglocke vorsichtig aus dem Ofen nehmen und den Deckel abheben. Den Boden mit Polenta bestreuen (sie verhindert, dass der Teig festklebt). Den Teig vorsichtig aus dem Gärkorb lösen und auf den heißen Boden geben. Die Oberseite mit einem Teigmesser einritzen, dann sofort mit dem Glockendeckel abdecken.
⓫ Die Backglocke in den Ofen stellen. Die Temperatur auf 200 °C (Ober-/Unterhitze) reduzieren und das Brot 50 Minuten backen. Den Deckel der Glocke entfernen und weitere 1–7 Minuten backen. Das Brot gegen Ende der Backzeit kontrollieren. Dann das Brot herausnehmen und auf einem Ofengitter auskühlen lassen. Alternativ das Brot nach dem Abschalten im Ofen lassen und bei geöffneter Tür abkühlen lassen. So erhält es eine sehr knusprige Kruste. Der Starter sollte nun fertig sein und kann bis zum nächsten Backen im Kühlschrank gelagert werden.
⓬ Das ausgekühlte Brot in ein sauberes, trockenes Küchentuch einschlagen und aufbewahren. Innerhalb von 3 Tagen verzehren.

Einige Bäcker (wie der bekannte New Yorker Bäcker Jim Lahey) arbeiten mit einer knetfreien Technik. Da die Rezepte in diesem Buch jedoch verschiedene Zusammensetzungen und Zutaten nutzen, ist diese knetfreie Technik nicht immer erfolgreich. Um mit den unterschiedlichen Rezepten zuverlässig mit nur 10 Minuten Arbeitszeit eine schöne Krume zu erhalten, habe ich daher die oben beschriebene Technik entwickelt.

EINEN LAIB FORMEN.

Käse-Chermoula-Kastenbrot

Dieses einfache und sehr leckere Brot eignet sich wunderbar für ein leichtes Abendessen.

ERGIBT 1 KASTENBROT (FLACHE KASTENFORM, 1,3 KG)

ZUTATEN

100 g lebhafter Starter, Stufe 2 (siehe S. 12)
375 g warmes Wasser (27 °C)
300 g Bio-Weizenmehl (13 % Eiweiß)
200 g steingemahlenes Bio-Vollkornmehl (11,5 % Eiweiß)
10 g feines Meersalz
Butter (oder Ghee oder Kokosöl) zum Einfetten
100 g Käse (z. B. Cheddar), in 1,5 cm große Stücke geschnitten
95 g Chermoula-Paste (nordafrikan. Gewürzpaste)
1 EL Olivenöl zum Beträufeln

WELLNESS-FAKTOR

Marinaden wie Chermoula (nordafrikan. Gewürzpaste) steuern eine Vielzahl an Zutaten wie Kreuzkümmel, Knoblauch, Zitrone, Zwiebel, Chiliflocken, Safranfäden und schwarzer Pfeffer bei und gestalten unsere Ernährung so abwechslungreicher.

Vermengen

❶ Den Sauerteigstarter mit 350 g Wasser in einer großen Rührschüssel verquirlen. Den restlichen Starter im Glas auffrischen und zum Gehen beiseitestellen.

❷ Beide Mehlsorten und Salz in die Schüssel geben und mit einem Teigschaber 2 Minuten kräftig vermischen, bis der Teig eine feste Kugel bildet. Den Teig 30 Minuten ruhen lassen, dann weitere 25 g Wasser mit der Bassinage-Technik (siehe S. 28) etwa 1 Minute einarbeiten. Den Teig mit einem Küchentuch abgedeckt weitere 30 Minuten ruhen lassen.

Gehen

❸ Die Kastenform einfetten und mit Backpapier auslegen. Einige Käsestücke auf dem Boden verteilen. Den Teig hineingeben und die Chermoula-Paste mit den Händen in den Teig einarbeiten. Dann den restlichen Käse darüberstreuen.

❹ Den Teig mit einem Küchentuch abgedeckt über Nacht bei Zimmertemperatur lassen.

Backen

❺ Am nächsten Morgen sollte der Teig mindestens 50 Prozent aufgegangen sein. Den Backofen 30 Minuten auf 220 °C (Ober-/Unterhitze) vorheizen und ein flaches Backblech auf den Ofenboden stellen.

❻ Etwas Öl seitlich in die Backform träufeln, die Form dann in den Ofen stellen. Die Temperatur auf 180 °C (Ober-/Unterhitze) reduzieren und vorsichtig etwas Wasser oder einige Eiswürfel auf das Backblech am Boden geben. Die Ofentür schnell schließen, damit der Dampf nicht entweicht. Das Brot 45–50 Minuten backen. Das Brot gegen Ende der Backzeit kontrollieren: Es sollte eine goldbraune Kruste haben.

❼ Das Brot aus dem Ofen nehmen und 5 Minuten in der Form abkühlen lassen. Dann auf ein Ofengitter stürzen und auskühlen lassen. Der Starter sollte nun fertig sein und kann bis zum nächsten Backen im Kühlschrank gelagert werden.

❽ Das ausgekühlte Brot in ein sauberes, trockenes Küchentuch einschlagen. Innerhalb von 3–4 Tagen verzehren.

Kleine Knoblauch-Brötchen

Diese kleinen Teiglinge werden in einer kräftigen Mischung aus Knoblauch, Butter und Kräutern gebacken. **ERGIBT 12 STÜCK**

ZUTATEN

1½ EL Olivenöl zum Beträufeln

FÜR DEN TEIG

60 g lebhafter Starter, Stufe 2 (siehe S. 12)
180 g warmes Wasser (27 °C)
150 g Bio-Weizenmehl (13 % Eiweiß)
150 g steingemahlenes Bio-Vollkornmehl (11,5 % Eiweiß)
4 g feines Meersalz
4 EL Olivenöl, zzgl. etwas zum Beträufeln

FÜR DIE KNOBLAUCHBUTTER

80 g weiche Butter
1 kleine Knoblauchzehe, zerdrückt
1 Handvoll gehackte Petersilie oder Rosmarin
grobes Meersalz, schwarzer Pfeffer aus der Mühle

WELLNESS-FAKTOR

Hält Knoblauch tatsächlich Vampire fern? Ich kenne keine Studie, die dies belegen würde, aber Knoblauch unterstützt die Immunabwehr. Wissenschaftliche Forschungen deuten darauf hin, dass er bei der Abwehr von Virusinfekten hilft und so dafür sorgt, dass wir Erkältungen oder der Grippe besser trotzen können.

Wirken

❶ Sauerteigstarter und Wasser in einer großen Rührschüssel verquirlen. Den restlichen Starter im Glas auffrischen und zum Gehen beiseitestellen.
❷ Beide Mehlsorten, Salz und Öl in die Schüssel geben und vermengen, bis der Teig eine Kugel bildet.
❸ In einer zweiten Schüssel alle Zutaten für die Knoblauchbutter vermischen. Mit der Hälfte der Butter den Boden der Backform oder einer ofenfesten Pfanne einfetten. Das Gefäß muss groß genug sein, dass die einzelnen Teigstücke Platz haben, noch etwas aufzugehen (ich verwende eine Gusseisenpfanne mit 35 cm Durchmesser).

Gehen

❹ Den Teig in die eingefettete Pfanne geben und zu einem Rechteck formen. Die restliche Knoblauchbutter in einer kleinen Pfanne zerlassen und den Teig damit bestreichen. Den Teig dann mit einer Teigkarte vorsichtig in 12 gleich große Stücke teilen. Am einfachsten ist es, das Rechteck zweimal längs und dreimal quer einzuschneiden. So entsteht ein Gitter mit 12 Feldern. Die Teigstücke trennen und verteilen, sodass sie etwas Platz haben. Den Teig mit einem Küchentuch abdecken und über Nacht bei Zimmertemperatur gehen lassen.

Backen

❺ Den Backofen auf 180 °C (Ober-/Unterhitze) vorheizen. Die Teigstücke kurz vor dem Backen mit etwas Öl beträufeln. 10–12 Minuten backen. Etwa nach der Hälfte der Backzeit mit einem Löffel Butter vom Pfannenboden aufnehmen und die Brötchen damit übergießen. Den Ofen wieder schließen und fertig backen.
❻ Die Brötchen aus dem Ofen nehmen und sofort genießen. Der Starter sollte nun fertig sein und kann bis zum nächsten Backen im Kühlschrank gelagert werden.

Kirsch-Mandel-Kuchen

Keiner kann köstlichem Kirschkuchen widerstehen. ERGIBT 1 KUCHEN (30 CM DURCHMESSER)

ZUTATEN

100 g steingemahlenes Bio-Vollkornmehl (11,5 % Eiweiß)
75 g Bio-Weizenmehl
3 zimmerwarme Eier (Größe L)
175 g Sonnenblumenöl, zzgl. etwas zum Einfetten
175 g Zucker
2 EL getrocknete Rosenblätter
1 EL Vanilleextrakt
175 g lebhafter Starter, Stufe 2 (siehe S. 12)
100 g Kirschen, entsteint und halbiert
2 EL (20–25 g) Mandelblättchen

WELLNESS-FAKTOR

Kirschen sind eine gute Quelle für Anthocyane (sekundäre Pflanzenstoffe), die ihnen ihre kräftige rote Farbe verleihen. Zudem enthalten sie viel Tryptophan, das beim Serotoninaufbau hilft. Daraus entsteht das Schlafhormon Melatonin, das unser Gehirn abends freisetzt und beim Einschlafen unterstützt.

TIPP

Mehl, Eier, Öl und Zucker sollten Zimmertemperatur haben, wenn sie in den Teig eingearbeitet werden.

Wirken

❶ Alle Zutaten bis auf Kirschen und Mandelblättchen in einer großen Schüssel zu einem lockeren, eher nassen Teig vermengen. Den restlichen Starter im Glas auffrischen und zum Gehen beiseitestellen.

Gehen

❷ Eine Obstkuchenform (30 cm Durchmesser, 3 cm hoch) einfetten und mit Backpapier auslegen. Den Teig hineingießen und über Nacht an einem warmen Ort (28–30 °C, z. B. im Backofen mit geöffneter Tür und eingeschaltetem Licht) gehen lassen. Der Teig benötigt Wärme zum Gehen, da Öl, Zucker und Eier eine osmotische Wirkung auf die Hefe haben.

Backen

❸ Am nächsten Morgen den Backofen auf 180 °C (Ober-/Unterhitze) vorheizen. Kirschen und Mandelblätter auf dem Teig verteilen und 20–25 Minuten backen, bis der Kuchen luftig und goldbraun ist und an einem in die Mitte gesteckten Spieß kein Teig mehr kleben bleibt. 5 Minuten in der Backform abkühlen lassen, dann herauslösen und auf einem Ofengitter auskühlen lassen.

❹ Der Starter sollte nun fertig sein und kann bis zum nächsten Backen im Kühlschrank gelagert werden.

❺ Der Kuchen hält sich einige Tage. Am besten schneiden Sie ihn dazu auf, wickeln jedes Stück einzeln in Backpapier und legen sie in eine Dose.

Miso-Fladenbrot

Die Miso sorgt für einen wunderbaren Umami-Geschmack. ERGIBT 1 GROSSES FLADENBROT

ZUTATEN

100 g lebhafter Starter, Stufe 2 (siehe S. 12)
375 g warmes Wasser (27 °C)
350 g Bio-Weizenmehl (13 % Eiweiß)
150 g steingemahlenes Bio-Vollkornmehl (11,5 % Eiweiß)
2 g feines Meersalz
75 g Misopaste (japan. Paste)
1 EL Shawarma-Gewürze (arab. Gewürzmischung)
Olivenöl zum Einfetten
1 EL Polenta zum Bestäuben

WELLNESS-FAKTOR

Eine im *The British Medical Journal* veröffentlichte Studie beobachtete über 15 Jahre die Ernährung und allgemeine Gesundheit von 90 000 japanischen Männern und Frauen zwischen 45–74 Jahren. Die Ergebnisse deuten darauf hin, dass Menschen, die regelmäßig Miso und andere fermentierte Sojaprodukte verzehren, länger leben.

Wirken

❶ Den Sauerteigstarter und 350 g Wasser in einer großen Rührschüssel verquirlen. Den restlichen Starter im Glas auffrischen und zum Gehen beiseitestellen.
❷ Beide Mehlsorten und Salz in die Schüssel geben und mit einem Teigschaber 2 Minuten kräftig vermengen, bis der Teig eine feste Kugel bildet. Den Teig 30 Minuten ruhen lassen, dann noch einmal 25 g Wasser mit der Bassinage-Technik (siehe S. 28) etwa 1 Minute einarbeiten. Den Teig mit einem Küchentuch abgedeckt weitere 30 Minuten ruhen lassen.
❸ Die Misopaste auf dem Teig in der Schüssel verteilen, dann mit dem Teigschaber mit einer schneidenden Bewegung 1 Minute in den Teig einarbeiten.
❹ Den Teig falten und mit Shawama-Gewürzen bestreuen, dann weitere 30 Minuten ruhen lassen.

Gehen

❺ Eine runde Kuchenform (23 cm Durchmesser) mit Öl einfetten. Den Teig hineingeben und abgedeckt über Nacht bei Zimmertemperatur gehen lassen.

Backen

❻ Am nächsten Morgen sollte der Teig sein Volumen um mindestens 50 Prozent vergrößert haben. Den Backofen 30 Minuten auf 220 °C (Ober-/Unterhitze) vorheizen und dabei das später verwendete Backblech hineinschieben. Zusätzlich ein flaches Backblech auf den Ofenboden stellen.
❼ Das heiße Backblech aus dem Ofen nehmen und mit Polenta bestreuen. Den Teig darauf verteilen und in den Ofen stellen. Dann vorsichtig etwas Wasser oder einige Eiswürfel auf das Backblech am Boden geben. Die Ofentür schnell schließen, damit der Dampf nicht entweicht. Das Fladenbrot 18–20 Minuten backen, bis es goldbraun ist. Aus dem Ofen nehmen und 5 Minuten in der Form abkühlen lassen, dann auf ein Ofengitter gleiten und auskühlen lassen. Der Starter sollte nun fertig sein und kann bis zum nächsten Backen im Kühlschrank gelagert werden.
❽ Das ausgekühlte Brot in ein sauberes, trockenes Küchentuch einschlagen. Innerhalb von 3 Tagen verzehren. Es eignet sich gut für Rindfleisch-Tomaten-Sandwiches, schmeckt aber auch zu Käse oder Hummus.

Tomaten-Focaccia

Eine der einfachsten Methoden, reife Tomaten zu verarbeiten, ist, sie in eine Focaccia zu geben. ERGIBT 1 GROSSE FOCACCIA

ZUTATEN

100 g lebhafter Starter, Stufe 2 (siehe S. 12)
375 g warmes Wasser (25 °C)
200 g steingemahlenes Bio-Dinkelvollkornmehl
300 g Bio-Weizenmehl (13 % Eiweiß)
10 g feines Meersalz
Butter (oder Ghee oder Kokosöl) zum Einfetten
180 g getrocknete Tomaten (in Öl), abgetropft, Öl auffangen, größere Stücke halbieren

WELLNESS-FAKTOR

Tomaten sind reich an Lycopin (ein Carotinoid), das ihnen nicht nur ihre kräftige rote oder gelbe Farbe verleiht, sondern auch als starkes Antioxidans gilt, das laut einigen Studien krebsbekämpfende Eigenschaften hat. Es senkt nachweislich das Risiko für Prostatakrebs.

TIPP

Mit hochwertigen sonnengetrockneten Tomaten erhält das Brot auf einfache Weise einen intensiven Geschmack.

Wirken

❶ Den Sauerteigstarter und 350 g Wasser in einer großen Rührschüssel verquirlen. Den restlichen Starter im Glas auffrischen und zum Gehen beiseitestellen.
❷ Beide Mehlsorten und Salz in die Schüssel geben und mit einem Teigschaber 2 Minuten kräftig vermengen, bis der Teig eine feste Kugel bildet. Den Teig 30 Minuten ruhen lassen, dann noch einmal 25 g Wasser mit der Bassinage-Technik (siehe S. 28) etwa 1 Minute einarbeiten. Den Teig mit einem Küchentuch abgedeckt weitere 30 Minuten ruhen lassen.

Gehen

❸ Eine quadratische Backform (20 x 20 cm) einfetten und mit Backpapier auslegen. Den Teig hineingeben und mit den Händen vorsichtig in die Ecken drücken. Über Nacht abgedeckt bei Zimmertemperatur gehen lassen.

Backen

❹ Am nächsten Morgen sollte der Teig um mindestens 50 Prozent aufgegangen sein. Den Backofen 30 Minuten auf 220 °C (Ober-/Unterhitze) vorheizen und ein flaches Backblech auf den Ofenboden stellen.
❺ Mit den Fingerspitzen kleine Mulden in den Teig drücken, dann die Tomaten gleichmäßig auf dem Teig verteilen und leicht hineindrücken. Mit dem aufgefangenen Öl der Tomaten beträufeln, dann mit Alufolie abdecken, damit die Tomaten nicht verbrennen. Das Brot in den Ofen schieben und vorsichtig etwas Wasser oder einige Eiswürfel auf das Backblech am Boden geben. Die Ofentür schnell schließen, damit der Dampf nicht entweicht. Das Brot etwa 35 Minuten backen. Das Brot gegen Ende der Backzeit kontrollieren: Die Oberseite sollte goldbraun sein. Ist die Focaccia zu hell, die Folie einige Minuten vor Ende der Backzeit entfernen.
❻ Die Ofentür öffnen und die Focaccia 5 Minuten im ausgeschalteten Ofen ruhen lassen, dann herausnehmen und 5 Minuten in der Form abkühlen lassen. Auf ein Ofengitter stürzen und auskühlen lassen. Der Starter sollte nun fertig sein und kann bis zum nächsten Backen im Kühlschrank gelagert werden. Die Focaccia hält sich 2–3 Tage. Am besten dazu in Backpapier einschlagen, da sie recht ölig ist.

Schokoladen-Bananen-Pizza

Diese süße Pizza hat einen Belag aus karamellisierten Bananen, Schokolade und Pistazien.

ERGIBT ZWEI 30-CM-PIZZEN (JEDE PIZZA FÜR 8 PERSONEN)

ZUTATEN

Olivenöl zum Einfetten
Polenta zum Bestäuben

FÜR DEN TEIG

100 g lebhafter Starter, Stufe 2 (siehe S. 12)
300 g lauwarmes Wasser (21 °C)
400 g Bio-Weizenmehl (13 % Eiweiß), zzgl. etwas zum Bestäuben
100 g steingemahlenes Bio-Dinkelvollkornmehl
10 g feines Meersalz

FÜR DEN BELAG

4 kleine Bananen, längs in dünne Scheiben geschnitten
20 g gesalzene Butter, zerlassen
100 g Milchschokolade, zerlassen
25 g Pistazien, gehackt

WELLNESS-FAKTOR

Pistazien enthalten ein Protein, dass die Blutgefäße stärkt und den Blutfluss verbessert. Studien haben ergeben, dass sie sich besonders bei erektiler Dysfunktion positiv auswirken können, da Pistazien reich an Antioxidantien, gesunden Fetten und Ballaststoffen sind. Diese Inhaltstoffe fördern auch die Herzgesundheit.

Wirken

❶ Sauerteigstarter und Wasser in einer großen Rührschüssel verquirlen. Beide Mehlsorten und Salz dazugeben und mit bis zu 20 g Wasser kräftig vermengen. Den restlichen Starter im Glas auffrischen und zum Gehen beiseitestellen.

Gehen

❷ Rund um den Teig etwas Öl in die Schüssel träufeln, dann mit einem Küchentuch abgedeckt über Nacht bei Zimmertemperatur gehen lassen.

Formen und Backen

❸ Den Teig am Morgen in 2 gleich große Stücke teilen und beide zu je einer Kugel formen. Die Teigkugeln einölen, mit einem Küchentuch abdecken und etwa 1½ Stunden in den Kühlschrank stellen. Den Teig mindestens 1 Stunde vor dem Backen aus dem Kühlschrank nehmen, damit er Zimmertemperatur annehmen kann.

❹ Einen Pizzastein in den Backofen stellen und den Ofen auf höchste Temperatur (mindestens 300 °C, Ober-/Unterhitze) vorheizen.

❺ Die Pizzaböden einzeln formen (siehe „Tipps zum Formen & Backen", S. 17). Den Teig mit etwas Mehl bestäuben und mit den Fingern vorsichtig nach außen drücken. Den Teig so abwechselnd leicht strecken und drehen. Wenn die Teigplatte größer ist, kann man sie aufnehmen, drehen und so auf 30 cm Durchmesser strecken.

❻ Die Pizzaschaufel großzügig mit Polenta bestäuben und einen Pizzaboden darauflegen. Den Boden mit den Bananenscheiben belegen und mit der Hälfte der Butter einstreichen. Vorsichtig auf den Pizzastein schieben und 12–15 Minuten backen, bis die Bananen karamellisiert sind. 3–4 Minuten bei geöffneter Tür im Ofen ruhen lassen, dann herausnehmen und mit der zweiten Pizza wiederholen.

❼ Während die zweite Pizza backt, die erste Pizza mit der Hälfte der zerlassenen Schokolade beträufeln und mit der Hälfte der Pistazien bestreuen. Sofort servieren. Mit der zweiten Pizza wiederholen.

❽ Der Starter sollte nun fertig sein und kann bis zum nächsten Backen im Kühlschrank gelagert werden.

Hafer-Handbrot

Die Idee zu diesen Handbroten kam mir, als ich las, dass die Römer ihre Brote in diese Form schnitten, um sie besser bei sich tragen zu können. **ERGIBT 6 HANDBROTE**

ZUTATEN

100 g lebhafter Starter, Stufe 2 (siehe S. 12)
360–370 g Wasser (27 °C)
300 g Bio-Weizenmehl (13 % Eiweiß), zzgl. 75 g zum Bestäuben und etwas zum Arbeiten
200 g steingemahlenes Bio-Vollkornmehl (11,5 % Eiweiß)
10 g feines Meersalz
75 g Haferflocken
1 EL Polenta zum Bestäuben

WELLNESS-FAKTOR

Haferflocken liefern reichlich Beta-Glucane, stark lösliche Ballaststoffe, die den Cholesterinspiegel senken. Beta-Glucane können zudem die Stärkeverdauung verlangsamen, wodurch der Blutzuckerspiegel stabil bleibt. Dies verhindert, dass wir nach dem Verzehr von raffinierten Kohlenhydraten müde werden.

Wirken

❶ Den Sauerteigstarter und 350 g Wasser in einer großen Rührschüssel verquirlen. Den restlichen Starter im Glas auffrischen und zum Gehen beiseitestellen.

❷ Beide Mehlsorten und Salz in die Schüssel geben und mit einem Teigschaber 2 Minuten kräftig vermengen, bis der Teig eine feste Kugel bildet. Den Teig 30 Minuten ruhen lassen, dann noch einmal 10–20 g Wasser mit der Bassinage-Technik (siehe S. 28) etwa 1 Minute einarbeiten. Den Teig mit einem Küchentuch abgedeckt weitere 30 Minuten ruhen lassen.

Gehen

❸ Den Boden eines großen, tiefen Backblechs mit 50 g Mehl bestäuben und die Haferflocken darauf verteilen. Den Teig daraufgeben und mit den restlichen 25 g Mehl bestreuen.Mit einem Küchentuch abgedeckt über Nacht bei 5 °C in den Kühlschrank stellen.

Formen

❹ Am nächsten Morgen sollte das der Teig um mindestens 50 Prozent aufgegangen sein. Ein weiteres großes Backblech mit Polenta bestreuen und den Teig mit der Haferflockenseite nach oben daraufgeben. Den Teig wie auf Seite 34 beschrieben in 6 Stücke teilen und 1 Stunde ruhen lassen.

Backen

❺ Den Backofen 30 Minuten auf 220 °C (Ober-/Unterhitze) vorheizen und ein flaches Backblech auf den Ofenboden stellen.

❻ Die Brote in den Ofen geben und die Temperatur auf 180 °C (Ober-/Unterhitze) reduzieren. Etwas Wasser oder einige Eiswürfel auf das Backblech am Boden geben und die Ofentür schnell schließen, damit der Dampf nicht entweicht. Die Brote 15–20 Minuten backen, bis sie goldbraun sind. Die Brote gegen Ende der Backzeit kontrollieren. Herausnehmen und mit einem sauberen Küchentuch abdecken. Der Starter sollte nun fertig sein und kann bis zum nächsten Backen im Kühlschrank gelagert werden.

❼ Am besten schmecken die Handbrote am selben Tag, sie halten sich aber in ein sauberes Küchentuch eingeschlagen bis zu 1 Tag. Vor dem Essen aufwärmen, da sie beim Abkühlen härter werden.

Butternut-Kürbis-Laib

Dieses einfache Brot enthält Butternut-Kürbis und Kürbiskerne. Beides gibt ihm nicht nur Geschmack, sondern auch Textur. **ERGIBT 1 GROSSEN LAIB (850 G)**

ZUTATEN

150 g lebhafter Starter, Stufe 2 (siehe S. 12)
310–320 g lauwarmes Wasser (22 °C)
400 g Bio-Weizenmehl (13 % Eiweiß), zzgl. etwas zum Arbeiten
100 g steingemahlenes Bio-Vollkornmehl (11,5 % Eiweiß)
10 g feines Meersalz
125 g Butternut-Kürbis, in Stücke geschnitten, vorgekocht und leicht zerdrückt (oder Kürbis aus der Dose)
100 g Kürbiskerne
2 EL Polenta

WELLNESS-FAKTOR

Butternut-Kürbis und Kürbiskerne sind reich an Carotinoiden, die das Herz-Kreislauf-System gesund halten und für einen guten Blutdruck sorgen. Kürbiskerne enthalten zudem gesunde Fettsäuren, die die entzündungshemmenden Prozesse im Körper stärken und das Risiko für Herzerkrankungen senken.

TIPP

Weitere Informationen, wie Sie den Teig am besten bei 27 °C halten, finden Sie auf S. 39.

Wirken

❶ Den Sauerteigstarter und 300 g lauwarmes Wasser in der Schüssel der Küchenmaschine gründlich verquirlen. Beide Mehlsorten und Salz darüberstreuen und mit dem Knethaken kräftig 1–2 Minuten verkneten, bis kein trockenes Mehl mehr übrig ist und der Teig eine feste Kugel bildet.

❷ Den Teig mit einem Küchentuch abdecken und 1 Stunde gehen lassen. Inzwischen den restlichen Starter im Glas auffrischen und zum Gehen beiseitestellen.

Bassinage

❸ Noch einmal 5–10 g Wasser 1 Minute mit der Küchenmaschine unterkneten. Den Teig 20 Minuten ruhen lassen. 1 Minute weiterkneten und nach und nach noch 5–10 g Wasser untermischen. Den Teig in eine weite, flache Schüssel geben und mit angefeuchteten Händen den Kürbis und 40 g Kürbiskerne in den Teig einarbeiten. Zu einer Kugel formen. Diese mit den restlichen Kürbiskernen bestreuen und die Kerne mit den Fingern leicht andrücken. Den Teig mit einem Küchentuch abgedeckt 1 Stunde ruhen lassen.

ZUTATEN IN DEN TEIG EINARBEITEN.

Formen

❹ Den Teig wie auf S. 42 beschrieben formen, mit Polenta bestäuben und mit der bestäubten Seite nach unten in einen gut bemehlten Gärkorb geben.

Gehen

❺ Mit einem Küchentuch abdecken und weitere 40 Minuten bei 27 °C gehen lassen, dann über Nacht bei 5 °C in den Kühlschrank stellen.

Backen

❻ Am nächsten Morgen die Backglocke in den Ofen stellen und Ofen und Glocke 30 Minuten auf 220 °C (Ober-/Unterhitze) vorheizen.

❼ Zum Backen den Teig wie auf S. 42 beschrieben auf den Boden der Backglocke setzen, mit dem Teigmesser einritzen und sofort mit dem Glockendeckel zudecken.

❽ Die Glocke in den Ofen stellen. Die Temperatur auf 200 °C (Ober-/Unterhitze) reduzieren und 50 Minuten backen. Dann den Deckel der Glocke entfernen und weitere 1–7 Minuten backen (je nachdem, wie dunkel die Kruste werden soll). Das Brot gegen Ende der Backzeit kontrollieren. Das Brot herausnehmen und auf einem Ofengitter auskühlen lassen. Alternativ das Brot nach dem Abschalten im Ofen ruhen und bei geöffneter Tür abkühlen lassen. So erhält es eine sehr knusprige Kruste. Der Starter sollte nun fertig sein und kann bis zum nächsten Backen im Kühlschrank gelagert werden.

❾ Das ausgekühlte Brot in ein sauberes, trockenes Küchentuch einschlagen. Innerhalb von 3–4 Tagen verzehren.

Winter

Zwiebelbrot mit Salbei

Zwiebeln sind nicht nur eine köstliche Ergänzung im Brot, sie helfen auch, das Darmkrebsrisiko zu senken. ERGIBT 1 GROSSES KASTENBROT (FLACHE KASTENFORM, 1,3 KG)

ZUTATEN

100 g lebhafter Starter, Stufe 2 (siehe S. 12)
375 g warmes Wasser (27 °C)
250 g Bio-Weizenmehl (13 % Eiweiß)
250 g steingemahlenes Bio-Vollkornmehl (11,5 % Eiweiß)
10 g feines Meersalz
Butter (oder Ghee oder Kokosöl) zum Einfetten
1 Zwiebel, in feine Streifen geschnitten
30 g weiche, gesalzene Butter
2 große Stängel Salbei, Blätter abgezupft
1 EL Olivenöl zum Beträufeln

WELLNESS-FAKTOR

Es ist zwar nicht besonders sexy, über das Ergebnis des Essens zu reden, aber es ist eine Tatsache, dass zu wenig Ballaststoffe zu Verstopfung führen. Zwiebeln enthalten den Ballaststoff Inulin, der präbiotisch wirkt und die Darmflora nährt. Studien deuten darauf hin, dass inulinreiche Nahrung die Bakterienvielfalt der Darmflora steigert und so das Völlegefühl reduziert. In der Tat ist der Verzehr von Ballaststoffen eine der besten Vorsorgemaßnahmen gegen Darmkrebs – welche dieses Rezept reichlich liefert.

Wirken

❶ Den Sauerteigstarter und 350 g Wasser in einer großen Rührschüssel verquirlen. Nach Entnahme des Starters für den Teig den restlichen Starter im Glas auffrischen und zum Gehen beiseitestellen.

❷ Beide Mehlsorten und Salz in die Schüssel geben und mit einem Teigschaber 2 Minuten kräftig vermengen, bis der Teig eine feste Kugel bildet. Den Teig 30 Minuten ruhen lassen, dann noch einmal 25 g Wasser mit der Bassinage-Technik (siehe S. 28) etwa 1 Minute einarbeiten. Den Teig mit einem Küchentuch abgedeckt weitere 30 Minuten ruhen lassen.

Gehen

❸ Die Kastenform einfetten und mit Backpapier auslegen. Die Zwiebelstreifen auf den Boden der Form verteilen und mit Butterflocken besetzen. Den Teig vorsichtig darübergeben. Den Teig von den Längsseiten der Form lösen und die Salbeiblätter so in die Lücke schieben, dass ihre dunkle Seite nach außen weist.

❹ Den Teig mit einem Küchentuch abgedeckt über Nacht bei Zimmertemperatur gehen lassen.

Backen

❺ Am nächsten Morgen sollte der Teig um mindestens 50 Prozent aufgegangen sein. Den Backofen 30 Minuten auf 220 °C (Ober-/Unterhitze) vorheizen und ein flaches Backblech auf den Ofenboden stellen.

❻ Etwas Öl seitlich in die Backform träufeln. Liegen obenauf auch einige Salbeiblätter, diese ebenfalls mit Öl beträufeln, damit sie nicht verbrennen.

❼ Die Form in den Ofen geben. Die Temperatur auf 180 °C (Ober-/Unterhitze) reduzieren und etwas Wasser oder einige Eiswürfel auf das Backblech am Boden geben. Die Ofentür schnell schließen, damit der Dampf nicht entweicht. Das Brot 45–50 Minuten backen. Das Brot gegen Ende der Backzeit kontrollieren: Es sollte eine goldbraune Kruste haben.

❽ Das Brot aus dem Ofen nehmen und 5 Minuten in der Form abkühlen lassen. Dann auf ein Ofengitter stürzen und auskühlen lassen. Der Starter sollte nun fertig sein und kann bis zum nächsten Backen im Kühlschrank gelagert werden.

❾ Das Brot in ein sauberes, trockenes Küchentuch einschlagen. Innerhalb von 3 Tagen verzehren.

Schokoladenbrot mit Kümmel

Die Kombination von Kümmel und Schokolade ist einfach köstlich.

ERGIBT 1 BROT (QUADRATISCHE BACKFORM, 20 CM)

ZUTATEN

100 g lebhafter Starter, Stufe 2 (siehe S. 12)
375 g warmes Wasser (27 °C)
400 g Bio-Weizenmehl (13 % Eiweiß)
100 g steingemahlenes Bio-Vollkornmehl (11,5 % Eiweiß)
10 g feines Meersalz
75 g Schokotropfen
1–2 EL ganzer Kümmel (nach Belieben)
Butter (oder Ghee oder Kokosöl) zum Einfetten
Olivenöl zum Besprühen

WELLNESS-FAKTOR

Jeder hat einmal Blähungen. Im Durchschnitt macht sich unser Darm sogar 5-15-mal pro Tag Luft. Blähungen sind völlig normal – und was wir essen, bestimmt ihren Geruch. Kümmel kann nachweislich gegen Verdauungsstörungen und übermäßige Blähungen helfen, da er die Darmmuskulatur entspannt und so Bauchschmerzen und Spannungen löst, was besonders bei Reizdarmsyndrom (RDS) helfen kann.

Wirken

❶ Den Sauerteigstarter und 350 g Wasser in einer großen Rührschüssel verquirlen. Den restlichen Starter im Glas auffrischen und zum Gehen beiseitestellen.
❷ Beide Mehlsorten und Salz in die Schüssel geben und mit einem Teigschaber 2 Minuten kräftig vermengen, bis der Teig eine feste Kugel bildet. Den Teig 30 Minuten ruhen lassen, dann noch einmal 25 g Wasser mit der Bassinage-Technik (siehe S. 28) etwa 1 Minute einarbeiten. Schokotropfen und Kümmel nach Belieben einarbeiten. Den Teig mit einem Küchentuch abgedeckt weitere 30 Minuten ruhen lassen.

Gehen

❸ Die Backform großzügig einfetten und mit Backpapier auslegen. Den Teig hineingeben und abgedeckt über Nacht bei Zimmertemperatur gehen lassen.

Backen

❹ Am nächsten Morgen sollte der Teig um mindestens 50 Prozent aufgegangen sein. Den Backofen 30 Minuten auf 220 °C (Ober-/Unterhitze) vorheizen und ein flaches Backblech auf den Ofenboden stellen.
❺ Den Teig leicht mit Öl besprühen und die Form dann in den Ofen stellen. Etwas Wasser oder einige Eiswürfel auf das Backblech am Boden geben. Die Ofentür schnell schließen, damit der Dampf nicht entweicht. Das Brot 25–30 Minuten backen, bis sich die Seiten leicht von der Form lösen und es elastisch, aber noch saftig ist. Das Brot aus dem Ofen nehmen und 5 Minuten in der Form abkühlen lassen. Dann aus der Form lösen und auf einem Ofengitter auskühlen lassen. Der Starter sollte nun fertig sein und kann bis zum nächsten Backen im Kühlschrank gelagert werden.
❻ Das ausgekühlte Brot in ein sauberes, trockenes Küchentuch einschlagen. Innerhalb von 2–3 Tagen verzehren.

Fladenbrot mit Hummus & Oliven

Dieses Fladenbrot enthält Hummus und zeigt, wie man mit einfachen Mitteln den Nährstoffgehalt von Alltagsbrot erhöhen kann. **ERGIBT 1 GROSSES FLADENBROT**

ZUTATEN

100 g lebhafter Starter, Stufe 2 (siehe S. 12)
360 g warmes Wasser (27 °C)
350 g Bio-Weizenmehl (13 % Eiweiß)
150 g steingemahlenes Bio-Vollkornmehl (11,5 % Eiweiß)
10 g feines Meersalz, zzgl. etwas zum Bestreuen
100 g Hummus
Olivenöl zum Einfetten und Beträufeln
1 EL Polenta zum Bestäuben
20 grüne Oliven (ohne Stein)

WELLNESS-FAKTOR

Eine an Hülsenfrüchten reiche Ernährung ist ein wichtiger Faktor der sogenannten Blauen Zonen, jenen Gebieten, in denen ein Großteil der Bevölkerung nachweislich länger und aktiver lebt. Oliven und Olivenöl können ebenfalls gesundheitliche Vorteile bringen, da sie den Blutdruck senken und vor Diabetes schützen.

Wirken

❶ Den Sauerteigstarter und 350 g Wasser in einer großen Rührschüssel verquirlen. Den restlichen Starter im Glas auffrischen und zum Gehen beiseitestellen.

❷ Beide Mehlsorten und Salz in die Schüssel geben und mit einem Teigschaber 2 Minuten kräftig vermengen, bis der Teig eine feste Kugel bildet. Den Teig 30 Minuten ruhen lassen, dann nochmals 10 g Wasser mit der Bassinage-Technik (siehe S. 28) etwa 1 Minute einarbeiten.

❸ Den Hummus auf dem Teig in der Schüssel verteilen, dann mit dem Teigschaber mit einer schneidenden Bewegung 1 Minute in den Teig einarbeiten. Den Teig zu einer Kugel formen und abgedeckt weitere 30 Minuten ruhen lassen.

Gehen

❹ Eine quadratische Backform leicht einfetten. Den Teig hineingeben und mit einem Küchentuch abgedeckt über Nacht bei Zimmertemperatur gehen lassen.

Backen

❺ Am nächsten Morgen sollte der Teig sein Volumen um mindestens 50 Prozent vergrößert haben. Den Backofen 30 Minuten auf 220 °C (Ober-/Unterhitze) vorheizen und dabei das später verwendete Backblech mit vorheizen. Ein flaches Backblech auf den Ofenboden stellen.

❻ Das heiße Backblech aus dem Ofen nehmen und mit Polenta bestreuen. Den Teig daraufgeben, mit dem Zeigefinger 20 Mulden hineindrücken und etwas Öl hineinträufeln. Das gesamte Fladenbrot mit Öl benetzen und mit Meersalz bestreuen, dann in den Ofen geben. Etwas Wasser oder einige Eiswürfel auf das Backblech am Boden geben. Die Ofentür schnell schließen, damit der Dampf nicht entweicht. Das Fladenbrot 18–20 Minuten backen, bis es goldbraun ist.

❼ Aus dem Ofen nehmen und auf ein Ofengitter setzen und auskühlen lassen. Der Starter sollte nun fertig sein und kann bis zum nächsten Backen im Kühlschrank gelagert werden.

❽ Das Brot in ein sauberes, trockenes Küchentuch einschlagen. Innerhalb von 2–3 Tagen verzehren.

Festliches Früchtebrot mit Zimt

Lesen Sie für dieses Rezept im Technik-Teil des Buchs auf S. 39 noch einmal nach, wie Sie Ihren Teig am besten bei 27 °C halten. **ERGIBT 1 GROSSEN LAIB (1 KG)**

ZUTATEN

150 g lebhafter Starter, Stufe 2 (siehe S. 12)
370 g warmes Wasser (27 °C)
350 g Bio-Weizenmehl (13 % Eiweiß), zzgl. etwas zum Arbeiten
150 g steingemahlenes Bio-Vollkornmehl (11,5 % Eiweiß)
10 g feines Meersalz
100 g Trockenobst, gewürfelt
1 TL Zimtpulver
25 g weiche, gesalzene Butter, in Flocken geschnitten
2 TL Polenta

WELLNESS-FAKTOR

Wer sein eigenes Sauerteigbrot backt, vermeidet Zusatzstoffe, die kommerziell gebackenes Brot enthält und die die Entwicklung des Reizdarmsyndroms (RDS) begünstigen können. Studien zeigen, dass die häufig in Backwaren verwendeten Emulgatoren die Darmgesundheit beeinträchtigen können, indem sie die Darmflora verändern. Dies kann die Barrierefunktion des Darms schwächen und so zu mehr Antigenkontakt führen. Dadurch kann es bei manchen Menschen zu einer Glutenunverträglichkeit kommen.

Wirken

❶ Den Sauerteigstarter und 300 g Wasser in der Schüssel der Küchenmaschine gründlich verquirlen. Beide Mehlsorten und Salz dazugeben und mit den Knethaken 1–2 Minuten verkneten, bis kein trockenes Mehl mehr übrig ist und der Teig eine feste Kugel bildet.
❷ Den Teig abdecken und 1 Stunde gehen lassen. Inzwischen den restlichen Starter im Glas auffrischen und zum Gehen beiseitestellen.

Bassinage

❸ Weitere 10 g Wasser etwa 1 Minute unter den Teig kneten. Den Teig 20 Minuten ruhen lassen. Noch einmal 1 Minute kneten und nach und nach weitere 10 g Wasser einarbeiten. Den Teig dann in eine weite, flache Schüssel geben und Trockenobst, Zimt und Butter untermischen. Dazu mit angefeuchteten Händen Mulden in den Teig drücken und die Zutaten hineindrücken. Den Teig mit einem Küchentuch abgedeckt 1 Stunde ruhen lassen.

Formen

❹ Den Teig wie auf S. 42 beschrieben formen, mit Polenta bestäuben und dann mit der bestäubten Seite nach unten in einen gut bemehlten Gärkorb legen.

Gehen

❺ Mit einem Küchentuch abdecken und weitere 40 Minuten bei 27 °C gehen lassen, dann über Nacht bei 5 °C in den Kühlschrank stellen.

Backen

❻ Am nächsten Morgen die Backglocke in den Backofen stellen und 30 Minuten auf 220 °C (Ober-/Unterhitze) vorheizen.
❼ Zum Backen den Teig wie auf S. 42 beschrieben auf den Boden der Backglocke setzen, mit dem Teigmesser einritzen und sofort mit dem Glockendeckel zudecken.
❽ Die Glocke in den Ofen stellen. Die Temperatur auf 200 °C (Ober-/Unterhitze) reduzieren und 50 Minuten backen. Den Deckel der Glocke entfernen und weitere 1–7 Minuten backen (je nachdem, wie dunkel die Kruste werden soll). Das Brot gegen Ende der Backzeit kontrol-

lieren. Das Brot herausnehmen und auf einem Ofengitter auskühlen lassen. Alternativ das Brot nach dem Abschalten im Ofen ruhen und bei geöffneter Tür abkühlen lassen. Der Starter sollte nun fertig sein und kann bis zum nächsten Backen im Kühlschrank gelagert werden.

9 Das ausgekühlte Brot in ein sauberes, trockenes Küchentuch einschlagen. Innerhalb von 2–3 Tagen verzehren.

Herzhafter Pilzkuchen

Dieser herzhafte Kuchen unterstützt das Immunsystem bei der Produktion von Antikörpern zur Krankheitsabwehr. ERGIBT 1 GROSSEN KUCHEN (QUADRATISCHE BACKFORM, 23 CM)

ZUTATEN

100 g lebhafter Starter, Stufe 2 (siehe S. 12)
360–370 g warmes Wasser (27 °C)
400 g Bio-Weizenmehl (13 % Eiweiß)
100 g steingemahlenes Bio-Vollkornmehl (11,5 % Eiweiß)
10 g feines Meersalz
Butter (oder Ghee oder Kokosöl) zum Einfetten
250 g Champignons, in Scheiben geschnitten
1 EL Olivenöl zum Beträufeln

WELLNESS-FAKTOR

„Die Forschung zeigt, dass Stress oder ein Mangel an bestimmten Nährstoffen einige Antikörper schwächt. Pilze können der Schlüssel (oder zumindest ein Schlüssel) zur Lösung dieses Problems sein. Eine andere Studie fand heraus, dass Menschen, die weiße Champignons verzehrten, deutlich höhere Mengen eines wichtigen Antikörpers produzierten." Dr. Miguel Toribio-Mateas

❶ Den Sauerteigstarter und 350 g Wasser in einer großen Rührschüssel verquirlen. Den restlichen Starter im Glas auffrischen und zum Gehen beiseitestellen.

❷ Beide Mehlsorten und Salz in die Schüssel geben und mit einem Teigschaber 2 Minuten kräftig vermengen, bis der Teig eine feste Kugel bildet. Den Teig 30 Minuten ruhen lassen, dann noch einmal 10–20 g Wasser mit der Bassinage-Technik (siehe S. 28) etwa 1 Minute einarbeiten. Den Teig weitere 30 Minuten ruhen lassen.

Gehen

❸ Die Backform einfetten und mit Backpapier auslegen. Einige Pilzscheiben auf dem Boden der Form verteilen. Den Teig hineingeben und mit den Fingern vorsichtig nach außen drücken, bis er die Form ausfüllt. Die restlichen Pilzscheiben darauf verteilen, dann mit einem Küchentuch abgedeckt über Nacht bei Zimmertemperatur gehen lassen.

Backen

❹ Am nächsten Morgen sollte der Teig um mindestens 50 Prozent aufgegangen sein. Den Backofen 30 Minuten auf 220 °C (Ober-/Unterhitze) vorheizen und ein flaches Backblech auf den Ofenboden stellen.

❺ Etwas Öl seitlich in die Backform träufeln, die Form dann in den Ofen geben. Die Temperatur auf 180 °C (Ober-/Unterhitze) reduzieren und etwas Wasser oder einige Eiswürfel auf das Backblech am Boden geben. Die Ofentür schnell schließen, damit der Dampf nicht entweicht.

❻ Den Kuchen 45–50 Minuten backen. Gegen Ende der Backzeit kontrollieren: Er sollte goldbraun sein.

❼ Den Kuchen aus dem Ofen nehmen und 5 Minuten in der Form abkühlen lassen. Dann auf ein Ofengitter gleiten und auskühlen lassen. Der Starter sollte nun fertig sein und kann bis zum nächsten Backen im Kühlschrank gelagert werden.

❽ Am besten am selben Tag verzehren. Der Pilzkuchen eignet sich perfekt als köstliches Abendessen.

100-%-Vollkorn-Sauerteiglaib

Backen Sie zunächst das Grundrezept Sauerteiglaib (siehe S. 39), das 20 Prozent Vollkornmehl verwendet, bevor Sie diese 100-prozentige Vollkorn-Variante probieren. Denken Sie auch daran, dass der Teig auf 27 °C gehalten werden muss, damit er optimal gehen kann. **ERGIBT 1 GROSSEN LAIB (850 G)**

ZUTATEN

150 g lebhafter Starter, Stufe 2 (siehe S. 12)
400 g warmes Wasser (25 °C), zzgl. etwas nach Bedarf
10 g Olivenöl
500 g steingemahlenes Bio-Vollkornmehl (11,5 % Eiweiß), zzgl. etwas zum Arbeiten
10 g feines Meersalz
2 EL Polenta

WELLNESS-FAKTOR

Vollkornprodukte stecken voller Ballaststoffe, die die Grundlage eines gesunden Darms bilden. Menschen mit Verdauungsschwierigkeiten haben bei ballaststoffreichem Essen häufig Probleme, vertragen aber Sauerteigbrot sehr gut. Seine lange Reife verdaut die Ballaststoffe praktisch vor. Zudem erhöht es die Verfügbarkeit wichtiger Nährstoffe und ist daher gesünder als Hefebrot.

Wirken

❶ Den Sauerteigstarter und 350 g Wasser in der Schüssel der Küchenmaschine gründlich verquirlen. Öl und Mehl dazugeben und Salz darüberstreuen. Mit den Knethaken der Küchenmaschine 1–2 Minuten verarbeiten, bis kein trockenes Mehl mehr übrig ist und der Teig eine feste Kugel bildet. Den Teig mit einem Küchentuch abdecken und 1 Stunde gehen lassen. Inzwischen den restlichen Starter im Glas auffrischen und zum Gehen beiseitestellen.

Bassinage

❷ Mit der Küchenmaschine nach und nach weitere 25 g Wasser einkneten. Den Teig 20 Minuten ruhen lassen. Noch einmal 1 Minute kneten und weitere 25 g Wasser einarbeiten. Fühlt er sich zu fest an, nach Bedarf noch 20–30 g Wasser einarbeiten. Den Teig mit einem Küchentuch abgedeckt 1 Stunde ruhen lassen.

Formen

❸ Den Teig wie auf S. 42 beschrieben formen, mit Polenta bestäuben und dann mit der bestäubten Seite nach unten in den gut bemehlten Gärkorb legen.

Gehen

❹ Mit einem Küchentuch abdecken und weitere 40 Minuten bei 27 °C gehen lassen, dann über Nacht bei 5 °C in den Kühlschrank stellen.

Backen

❺ Am nächsten Morgen die Backglocke in den Ofen stellen und Ofen und Glocke 30 Minuten auf 220 °C (Ober-/Unterhitze) vorheizen.

❻ Zum Backen den Teig auf den Boden der Backglocke setzen (siehe S. 42), mit dem Teigmesser einritzen und sofort mit dem Glockendeckel zudecken.

❼ Die Glocke in den Ofen stellen. Die Temperatur auf 200 °C (Ober-/Unterhitze) reduzieren und 50 Minuten backen. Dann den Deckel der Glocke entfernen und weitere 1–7 Minuten backen (je nachdem, wie dunkel die Kruste werden soll). Das Brot herausnehmen und auf einem Ofengitter auskühlen lassen. Alternativ das Brot nach dem Abschalten im Ofen lassen und bei geöffneter Tür abkühlen lassen. Der Starter sollte nun fertig sein und kann bis zum nächsten Backen im Kühlschrank gelagert werden. Das ausgekühlte Brot in ein sauberes, trockenes Küchentuch einschlagen. Innerhalb von 3 Tagen verzehren.

Teekuchen

Ein Stück dieses Kuchens zu einer Tasse Tee – besser geht es nicht!

ERGIBT 1 GROSSEN KUCHEN (FLACHE KASTENFORM, 1,3 KG)

ZUTATEN

150 g lebhafter Starter, Stufe 2 (siehe S. 12)
205 g kaltes Wasser (19 °C)
4 zimmerwarme Eier (Größe L)
150 g Sonnenblumenöl
350 g steingemahlenes Bio-Vollkornmehl (11,5 % Eiweiß)
10 g feines Meersalz
110 g gemischte Trockenfrüchte
10 g Earl-Grey-Teeblätter
fein abgeriebene Schale von 1 Bio-Orange
Butter zum Einfetten
2 gehäufte EL Orangenmarmelade (Thick Cut)

WELLNESS-FAKTOR

Der Verzehr von Vollkornmehl kann helfen, das Risiko diverser Krebserkrankungen wie Darmkrebs zu senken. Es gibt zudem zahlreiche Studien, die die krebshemmenden Eigenschaften von Tee belegen.

Wirken

❶ Den Sauerteigstarter und 165 g kaltes Wasser in einer großen Rührschüssel verquirlen. Den restlichen Starter im Glas auffrischen und zum Gehen beiseitestellen.

❷ Eier, Öl, Mehl, Salz, Trockenfrüchte, Earl Grey und Orangenschale in die Schüssel geben und mit einem Teigschaber 2 Minuten vermengen, bis kein trockenes Mehl mehr übrig ist. Den Teig 30 Minuten ruhen lassen, dann die restlichen 40 g Wasser mit der Bassinage-Technik (siehe S. 28) etwa 1 Minute einarbeiten. Den Teig mit einem Küchentuch abgedeckt 30 Minuten ruhen lassen.

Gehen

❸ Die Backform einfetten und mit Backpapier auslegen. Den Teig hineingeben und mit einem Küchentuch abgedeckt über Nacht bei Zimmertemperatur gehen lassen.

Backen

❹ Am nächsten Morgen sollte der Teig sein Volumen um mindestens 50 Prozent vergrößert haben. Den Backofen 30 Minuten auf 160 °C (Ober-/Unterhitze) vorheizen und ein flaches Backblech auf den Ofenboden stellen.

❺ Die Backform in den Ofen geben und etwas Wasser oder einige Eiswürfel auf das Backblech am Boden geben. Die Ofentür schnell schließen, damit der Dampf nicht entweicht. Den Kuchen 30–40 Minuten backen. Gegen Ende der Backzeit den Kuchen kontrollieren: Er sollte goldbraun sein und an einem in die Mitte gesteckten Spieß sollte kein Teig mehr kleben bleiben. Aus dem Ofen nehmen, 5 Minuten in der Backform abkühlen lassen, dann herauslösen und auf einem Ofengitter auskühlen lassen. Der Starter sollte nun fertig sein und kann bis zum nächsten Backen im Kühlschrank gelagert werden.

❻ Die Marmelade in einem Topf leicht erwärmen, damit sie streichfähig ist, und den Kuchen damit bestreichen.

❼ Den Kuchen in Backpapier einschlagen. Er hält sich in einer Dose bis zu 3 Tagen.

Dinkelbrot mit Garam Masala

Dieses herzhafte Brot ist mit indischen Gewürzen aromatisiert.

ERGIBT 1 GROSSES BROT (KASTENFORM, 900 G)

ZUTATEN

100 g lebhafter Starter, Stufe 2 (siehe S. 12)
375 g warmes Wasser (27 °C)
250 g steingemahlenes Bio-Dinkelvollkornmehl
250 g Bio-Weizenmehl (13 % Eiweiß)
10 g feines Meersalz
1 gehäufter EL zimmerwarmer Ghee
1 gehäufter EL Garam Masala (ind. Gewürzmischung)

WELLNESS-FAKTOR

Dinkel ist eine alte Getreidesorte, die einen höheren Anteil an löslichen Ballaststoffen und Proteinen hat als moderner Hochleistungsweizen. Zudem enthält er widerstandsfähigere Stärke. Durch diese Eigenschaften hilft er bei der Regulierung des Blutzuckerspiegels, was auch Stoffwechselerkrankungen wie Diabetes verhindern kann und sich potenziell positiv auf die Stimmung auswirkt.

Wirken

❶ Den Sauerteigstarter und 350 g Wasser in einer großen Rührschüssel verquirlen. Den restlichen Starter im Glas auffrischen und zum Gehen beiseitestellen.

❷ Beide Mehlsorten und Salz in die Schüssel geben und mit einem Teigschaber 2 Minuten kräftig vermengen, bis der Teig eine feste Kugel bildet. Den Teig 30 Minuten ruhen lassen, dann noch einmal 25 g Wasser mit der Bassinage-Technik (siehe S. 28) etwa 1 Minute einarbeiten. Den Teig mit einem Küchentuch abgedeckt weitere 30 Minuten ruhen lassen.

Gehen

❸ Die Kastenform mit Ghee einfetten und mit Garam Masala bestäuben. Den Teig hineingeben und mit einem Küchentuch abgedeckt über Nacht bei Zimmertemperatur gehen lassen.

Backen

❹ Am nächsten Morgen sollte der Teig um mindestens 50 Prozent aufgegangen sein. Den Backofen 30 Minuten auf 220 °C (Ober-/Unterhitze) vorheizen und ein flaches Backblech auf den Ofenboden stellen.

❺ Das Brot in den Ofen geben, dann die Temperatur auf 180 °C (Ober-/Unterhitze) reduzieren und etwas Wasser oder einige Eiswürfel auf das Backblech am Boden geben. Die Ofentür schnell schließen, damit der Dampf nicht entweicht. Das Brot 45–50 Minuten backen. Gegen Ende der Backzeit das Brot kontrollieren: Es sollte eine goldbraune Kruste haben. Das Brot aus dem Ofen nehmen und 5 Minuten in der Form abkühlen lassen. Dann auf ein Ofengitter setzen und auskühlen lassen. Der Starter sollte nun fertig sein und kann bis zum nächsten Backen im Kühlschrank gelagert werden.

❻ Das ausgekühlte Brot in ein sauberes, trockenes Küchentuch einschlagen. Innerhalb von 2–3 Tagen verzehren. Es schmeckt köstlich mit Käse oder Chutney und gekochtem Schinken.

Orangenkuchen

Macht Kuchen glücklich?
Natürlich!
Was für eine Frage!

ERGIBT 1 GEFÜLLTEN KUCHEN (20 CM DURCHMESSER)

ZUTATEN

200 g feine Polenta
300 g Khorasan-Weizenvollkornmehl, zzgl. etwas zum Bestäuben
170 g Rohrohrzucker
10 g feines Meersalz
1 Prise Safranfäden
200 g warmes Wasser (27 °C)
4 zimmerwarme Eier (Größe L)
175 g Olivenöl
150 g lebhafter Starter, Stufe 2 (siehe S. 12)
fein abgeriebene Schale von 1 Bio-Orange
Butter zum Einfetten
300 g Orange Curd (engl. Orangencreme; alternativ Lemon Curd oder Orangenmarmelade)
Puderzucker (oder 2 gehäufte EL warme Orangenmarmelade) zum Garnieren

WELLNESS-FAKTOR

Sozialkontakte sind für die geistige Gesundheit unerlässlich. Sich die Zeit zu nehmen zu backen und Kuchen mit anderen zu teilen, ist eine wunderbare Art, Zuneigung zu zeigen.

Wirken

❶ Polenta, Mehl, Zucker, Salz und Safranfäden in einer großen Schüssel vermischen. 175 g warmes Wasser, Eier, Öl, Sauerteigstarter und Orangenschale dazugeben und alles zu einem lockeren Teig vermengen, bis kein trockenes Mehl mehr übrig ist. Den Teig 10–15 Minuten ruhen lassen. Inzwischen den restlichen Starter im Glas auffrischen und zum Gehen beiseitestellen.
❷ Nach und nach die restlichen 25 g Wasser einarbeiten. Eventuell ist nicht die gesamte Menge notwendig, daher das Wasser portionsweise einarbeiten. Der Teig sollte eine dickflüssige Konsistenz haben.

Gehen

❸ Zwei runde Backformen (20 cm Durchmesser) gründlich einfetten und mit Mehl bestäuben. Den Teig auf die Formen verteilen und über Nacht bei Zimmertemperatur gehen lassen.

Backen

❹ Am nächsten Morgen den Backofen auf 180 °C (Ober-/Unterhitze) vorheizen. Den Kuchen 25 Minuten backen, bis er goldbraun ist und sich bei sanftem Druck fest anfühlt. Gegen Ende der Backzeit den Kuchen kontrollieren. An einem in die Mitte gesteckten Spieß sollte kein Teig mehr kleben bleiben.
❺ Den Kuchen aus dem Ofen nehmen, 5 Minuten in der Backform abkühlen lassen, dann herauslösen und auf einem Ofengitter auskühlen lassen.
❻ Der Starter sollte nun fertig sein und kann bis zum nächsten Backen im Kühlschrank gelagert werden.
❼ Einen Boden mit Orange Curd bestreichen, den zweiten daraufsetzen und mit Puderzucker bestäuben. In Backpapier einschlagen, in einer Dose aufbewahren und in 1–2 Tagen verzehren.

Haferbrot

Schnell zubereitet und sehr gesund für den Darm.

ERGIBT 1 GROSSES KASTENBROT (HOHE KASTENFORM, 1,3 KG)

ZUTATEN

150 g lebhafter Starter, Stufe 2 (siehe S. 12)
350 g warmes Wasser (27 °C)
250 g steingemahlenes Bio-Vollkornmehl (11,5 % Eiweiß)
250 g Bio-Weizenmehl (13 % Eiweiß)
10 g feines Meersalz
180 g Haferbrei, nach Packungsanweisung zubereitet und abgekühlt
Butter (oder Ghee oder Kokosöl) zum Einfetten
1 EL Olivenöl zum Beträufeln

WELLNESS-FAKTOR

Die einfachste Methode, die Darmflora zu nähren und mehr Ballaststoffe und cholesterinsenkende Beta-Glucane zu sich zu nehmen, ist Vollkorn-Haferflocken ins Brot zu mischen. Sie halten außerdem das Brot saftig und machen es länger haltbar.

Wirken

❶ Den Sauerteigstarter und 350 g Wasser in einer großen Rührschüssel verquirlen. Beide Mehlsorten und Salz in die Schüssel geben und mit einem Teigschaber 2 Minuten kräftig vermengen, bis der Teig eine feste Kugel bildet. Den Teig 30 Minuten ruhen lassen. Inzwischen den restlichen Starter im Glas auffrischen und beiseitestellen.

❷ Den Haferbrei in die Schüssel geben und gleichmäßig etwa 1 Minute in den Teig einarbeiten. Den Teig mit einem Küchentuch abgedeckt weitere 30 Minuten ruhen lassen.

Gehen

❸ Die Kastenform einfetten und mit Backpapier auslegen. Den Teig hineingeben und mit einem Küchentuch abgedeckt über Nacht bei Zimmertemperatur gehen lassen.

Backen

❹ Am nächsten Morgen sollte der Teig um mindestens 50 Prozent aufgegangen sein. Den Backofen 30 Minuten auf 220 °C (Ober-/Unterhitze) vorheizen und ein flaches Backblech auf den Ofenboden stellen.

❺ Etwas Öl seitlich in die Backform träufeln, die Form dann in den Ofen stellen. Die Temperatur auf 180 °C (Ober-/Unterhitze) reduzieren und etwas Wasser oder einige Eiswürfel auf das Backblech am Boden geben. Die Ofentür schnell schließen, damit der Dampf nicht entweicht. Das Brot 45–50 Minuten backen. Gegen Ende der Backzeit das Brot kontrollieren.

❻ Das Brot aus dem Ofen nehmen und 5 Minuten in der Form abkühlen lassen, dann auf einem Ofengitter auskühlen lassen. Der Starter sollte nun fertig sein und kann bis zum nächsten Backen im Kühlschrank gelagert werden.

❼ Das Brot in ein sauberes, trockenes Küchentuch einschlagen und innerhalb von 3–4 Tagen verzehren.

Schalotten-Tarte-Tatin

Ein preiswertes Rezept, das viele satt macht. **ERGIBT 1 GROSSES FLADENBROT (RUNDE BACKFORM, 35 CM DURCHMESSER)**

ZUTATEN

160 g lebhafter Starter, Stufe 2 (siehe S. 12)
750 g warmes Wasser (27 °C)
500 g Bio-Weizenmehl (13 % Eiweiß)
500 g steingemahlenes Bio-Dinkelvollkornmehl
20 g feines Meersalz
schwarzer Pfeffer aus der Mühle

FÜR DEN BELAG

300 g Schalotten, geschält und längs in Scheiben geschnitten
Olivenöl zum Besprühen
40 g weiche Butter
3 EL Aceto balsamico, zzgl. etwas zum Beträufeln
4 gehäufte EL Rohrohrzucker
2 EL Olivenöl

WELLNESS-FAKTOR

Schalotten sind sehr gesund. Sie sind reich an Antioxidantien. Forschungen belegen, dass sie die Herzgesundheit fördern und Allergiesymptome lindern. Um von den gesunden Eigenschaften von Schalotten zu profitieren, sollte man möglichst wenig der äußeren Schale entfernen. Hier sind die gesundheitsfördernden Flavonoide hauptsächlich zu finden.

❶ Die Schalotten am Morgen vor dem Backen vorgaren (wenn der Starter zum zweiten Mal aufgefrischt wird, siehe S. 12). Dazu den Backofen auf 200 °C (Ober-/Unterhitze) vorheizen und die Schalottenscheiben gleichmäßig in der Backform verteilen. Mit Öl besprühen und 5–6 Minuten garen, bis sie weich sind. Herausnehmen und auskühlen lassen.

Wirken

❷ Am Abend Sauerteigstarter und 700 g Wasser in einer großen Schüssel verquirlen. Beide Mehlsorten, Salz und etwas Pfeffer dazugeben und mit einem Teigschaber vermengen, bis der Teig eine feste Kugel bildet.Mit einem Küchentuch abdecken und 30 Minuten ruhen lassen. Den restlichen Starter im Glas auffrischen und beiseitestellen.

❸ Die restlichen 50 g Wasser mit der Bassinage-Technik (siehe S. 28) etwa 1 Minute einarbeiten.

Gehen

❹ Die Butter in Würfel schneiden und auf den Schalotten verteilen, dann mit Essig beträufeln und mit Zucker bestreuen. Den Teig vorsichtig auf die Schalotten in die Backform geben und mit den Fingerspitzen bis an den Rand drücken. Mit einem Küchentuch abgedeckt über Nacht bei Zimmertemperatur gehen lassen.

Backen

❺ Am nächsten Morgen sollte der Teig sein Volumen um mindestens 50 Prozent vergrößert haben. Den Backofen 30 Minuten auf 220 °C (Ober-/Unterhitze) vorheizen und ein flaches Backblech auf den Ofenboden stellen.

❻ Die Tarte tatin mit Öl beträufeln und in den Ofen stellen. Die Temperatur auf 180 °C (Ober-/Unterhitze) reduzieren und etwas Wasser oder einige Eiswürfel auf das Backblech am Boden geben. Die Ofentür schnell schließen, damit der Dampf nicht entweicht. 45–50 Minuten backen, bis die Tarte karamellisiert. Aus dem Ofen nehmen und 5 Minuten in der Form abkühlen lassen. Dann die Tarte auf ein Ofengitter stürzen und auskühlen lassen. Vor dem Servieren noch einmal mit etwas Essig beträufeln. Der Starter sollte nun fertig sein und kann bis zum nächsten Backen im Kühlschrank gelagert werden. Die Tarte in ein sauberes, trockenes Küchentuch einschlagen. Innerhalb von 2 Tagen verzehren.

Frühling

Käsebrot mit Schnittlauch

Käse und Schnittlauch sind eine klassische Kombination und schmecken einfach lecker.

ERGIBT 1 GROSSES KASTENBROT (HOHE KASTENFORM, 1,3 KG)

ZUTATEN

100 g lebhafter Starter, Stufe 2 (siehe S. 12)
360–370 g warmes Wasser (27 °C)
400 g Bio-Weizenmehl (13 % Eiweiß)
100 g steingemahlenes Bio-Vollkornmehl (11,5 % Eiweiß)
10 g feines Meersalz
Butter (oder Ghee oder Kokosöl) zum Einfetten
80 g Parmesan (oder vegetarische Alternative), in Stücke gebrochen oder in Scheiben geschnitten
1 Lorbeerblatt
1 kleine Handvoll Schnittlauch
1 EL Olivenöl zum Beträufeln

WELLNESS-FAKTOR

Studien deuten darauf hin, dass die Zugabe von Käse dank seiner Proteine und Fette dabei hilft, den Blutzuckerspiegel konstant zu halten. Da ein schwankender Blutzucker auch Stimmungsschwankungen zur Folge haben kann, sorgt Käse im oder zum Brot nicht nur für eine abwechslungsreiche Ernährung, sondern auch für gute Laune.

Wirken

❶ Den Sauerteigstarter und 350 g Wasser in einer großen Rührschüssel verquirlen. Den restlichen Starter im Glas auffrischen und zum Gehen beiseitestellen.

❷ Beide Mehlsorten und Salz in die Schüssel geben und mit einem Teigschaber 2 Minuten kräftig vermengen, bis der Teig eine feste Kugel bildet. Den Teig 30 Minuten ruhen lassen, dann noch einmal 10–25 g Wasser mit der Bassinage-Technik (siehe S. 28) etwa 1 Minute einarbeiten, bis die Spannung im Teig etwas nachlässt. Den Teig abgedeckt weitere 30 Minuten ruhen lassen.

Gehen

❸ Die Kastenform einfetten und mit Backpapier auslegen. Einige Käsestücke darin verteilen und das Lorbeerblatt hineinlegen. Den Teig vorsichtig darübergeben. Dann den Teig an den Seiten leicht lösen und die Schnittlauchstängel und einige Käsestücke in den Spalt geben. Den restlichen Käse darüberstreuen (den Schnittlauch nicht auf das Brot geben, da er sonst verbrennt).

❹ Den Teig mit einem Küchentuch abgedeckt über Nacht bei Zimmertemperatur gehen lassen.

Backen

❺ Am nächsten Morgen sollte der Teig um mindestens 50 Prozent aufgegangen sein. Den Backofen 30 Minuten auf 220 °C (Ober-/Unterhitze) vorheizen und ein flaches Backblech auf den Ofenboden stellen.

❻ Etwas Öl seitlich in die Backform träufeln, die Form dann in den Ofen geben. Die Temperatur auf 180 °C (Ober-/Unterhitze) reduzieren und etwas Wasser oder einige Eiswürfel auf das Backblech am Boden geben. Die Ofentür schnell schließen, damit der Dampf nicht entweicht. Das Brot 45–50 Minuten backen, bis es eine goldbraune Kruste hat.

❼ Den Ofen ausschalten und das Brot (in der Form) noch 10 Minuten bei geöffneter Tür im Ofen lassen. Dann herausnehmen, aus der Form lösen und auf einem Ofengitter auskühlen lassen. Der Starter sollte nun fertig sein und kann bis zum nächsten Backen im Kühlschrank gelagert werden.

❽ Das Brot in ein sauberes, trockenes Küchentuch einschlagen. Innerhalb von 3–4 Tagen verzehren.

Handbrot mit Anchovis & Kapern

Diese Handbrote mit Anchovis, Kapern und einer Algenkruste schmecken köstlich zu herzhaften Suppen oder als Thunfisch-Mayo-Brötchen. **ERGIBT 6 HANDBROTE**

ZUTATEN

100 g lebhafter Starter, Stufe 2 (siehe S. 12)
360–370 g warmes Wasser (27 °C)
400 g Bio-Weizenmehl (13 % Eiweiß), zzgl. 130 g zum Bestäuben und Arbeiten
100 g steingemahlenes Bio-Vollkornmehl (11,5 % Eiweiß)
5 g feines Meersalz
30 g Anchovis (in Öl), abgetropft
1 EL Kapern
1 TL Fenchelsamen
4 gehäufte EL Nori-Flocken (getrocknete Meeresalgen)
1 EL Polenta zum Bestäuben
schwarzer Pfeffer aus der Mühle

WELLNESS-FAKTOR

Vollkornprodukte sind grundsätzlich gesünder, aber durch die Anchovis erhält dieses Brot zusätzlich gesunde Omega-3-Fettsäuren. Sie helfen, Entzündungen zu bekämpfen und das Herz-Kreislauf-System zu stützen. Zudem sind Anchovis eine gute Quelle für Niacin und Selen, die beide als essenziell für die Herzgesundheit gelten.

Wirken

❶ Den Sauerteigstarter und 350 g Wasser in einer großen Rührschüssel verquirlen. Den restlichen Starter im Glas auffrischen und zum Gehen beiseitestellen.

❷ Beide Mehlsorten und Salz in die Schüssel geben und mit einem Teigschaber 2 Minuten kräftig vermengen, bis der Teig eine feste Kugel bildet. Den Teig 30 Minuten ruhen lassen, dann noch einmal 10–20 g Wasser mit der Bassinage-Technik (siehe S. 28) 1 Minute einarbeiten. Den Teig mit einem Küchentuch abgedeckt weitere 30 Minuten ruhen lassen.

❸ Dann Anchovis, Kapern, Fenchelsamen und etwas Pfeffer dazugeben und vorsichtig einarbeiten.

Gehen

❹ Ein tiefes Backblech mit 100 g Mehl bestäuben und mit den Nori-Flocken bestreuen. Den Teig daraufgeben und mit 30 g Mehl bestäuben. Mit einem Küchentuch abdecken und im Kühlschrank bei 5 °C über Nacht gehen lassen.

Formen

❺ Am nächsten Morgen sollte der Teig um mindestens 50 Prozent aufgegangen sein. Eine große Backform mit Polenta bestäuben, den Teig mit den Nori-Flocken nach oben in die Form legen und in 6 Stücke teilen (siehe S. 34). 1 Stunde ruhen lassen.

Backen

❻ Den Backofen 30 Minuten auf 220 °C (Ober-/Unterhitze) vorheizen und ein flaches Backblech auf den Ofenboden stellen.

❼ Die Brote in den Ofen legen und die Temperatur auf 200 °C (Ober-/Unterhitze) reduzieren. Etwas Wasser oder einige Eiswürfel auf das Backblech am Boden geben. Die Ofentür schnell schließen, damit der Dampf nicht entweicht.

❽ Die Brote 15–16 Minuten backen, dann aus dem Ofen nehmen und mit einem sauberen Küchentuch abdecken. Der Starter sollte nun fertig sein und kann bis zum nächsten Backen im Kühlschrank gelagert werden.

❾ Die ausgekühlten Handbrote in ein sauberes Küchentuch einschlagen. Am selben Tag servieren.

Erbsen-Minze-Laib

Auch bei diesem Rezept gilt: Das Geheimnis eines schnellen Sauerteiglaibs ist die Kombination aus Wirken und Gehen, bei der der Teig auf 27 °C gehalten wird.

ERGIBT 1 GROSSEN LAIB (1 KG)

ZUTATEN

150 g lebhafter Starter, Stufe 2 (siehe S. 12)
370 g warmes Wasser (27 °C)
400 g Bio-Weizenmehl (13 % Eiweiß), zzgl. etwas zum Arbeiten
100 g steingemahlenes Bio-Vollkornmehl (11,5 % Eiweiß)
10 g feines Meersalz
75 g TK-Erbsen, aufgetaut
1 Handvoll frische Minze, Blätter abgezupft und zerkleinert
2 EL Polenta

WELLNESS-FAKTOR

Bei Depressionen oder Angstzuständen können gemeinsame Aktivitäten wie das Backen manchmal mehr helfen als Worte. Selbst wenn die tatsächliche Arbeitszeit nur 10 Minuten beträgt, können die Konzentration auf die Tätigkeit und die repetitiven Handgriffe beruhigend wirken.

Wirken

❶ Den Sauerteigstarter und 350 g Wasser in der Schüssel der Küchenmaschine verquirlen. Beide Mehlsorten und Salz darüberstreuen und mit den Knethaken der Küchenmaschine 1–2 Minuten verkneten, bis kein trockenes Mehl mehr übrig ist und der Teig eine feste Kugel bildet. Den Teig mit einem Küchentuch abdecken und 1 Stunde gehen lassen. Inzwischen den restlichen Starter im Glas auffrischen und zum Gehen beiseitestellen.

Bassinage

❷ Mit der Küchenmaschine noch einmal 10 g Wasser etwa 1 Minute einkneten. Den Teig 20 Minuten ruhen lassen, dann noch einmal 1 Minute kneten und mindestens weitere 10 g Wasser einarbeiten. Den Teig in eine weite, flache Schüssel geben und mit angefeuchteten Händen Erbsen und Minzeblätter sorgfältig einarbeiten. Den Teig abgedeckt noch einmal 1 Stunde ruhen lassen.

WEITERE ZUTATEN IN DEN TEIG EINARBEITEN.

Formen

❸ Den Teig wie auf S. 42 beschrieben formen, mit Polenta bestäuben und dann mit der bemehlten Seite nach unten in einen gut bemehlten Gärkorb geben.

Gehen

❹ Mit einem Küchentuch abdecken und weitere 40 Minuten bei 27 °C gehen lassen. Dann über Nacht bei 5 °C in den Kühlschrank stellen.

Backen

❺ Am nächsten Morgen die Backglocke in den Backofen stellen und 30 Minuten auf 220 °C (Ober-/Unterhitze) vorheizen.

❻ Zum Backen den Teig wie auf S. 42 beschrieben auf den Boden der Backglocke setzen, mit dem Teigmesser einritzen und sofort mit dem Glockendeckel zudecken.

❼ Die Glocke in den Ofen stellen. Die Temperatur auf 200 °C (Ober-/Unterhitze) reduzieren und 50 Minuten backen. Dann den Deckel der Glocke entfernen und weitere 1–7 Minuten backen (je nachdem, wie dunkel die Kruste werden soll). Das Brot gegen Ende der Backzeit kontrollieren, dann herausnehmen und auf einem Ofengitter auskühlen lassen. Alternativ das Brot nach dem Abschalten im Ofen lassen und bei geöffneter Tür abkühlen lassen. Der Starter sollte nun fertig sein und kann bis zum nächsten Backen im Kühlschrank gelagert werden.

❽ Das ausgekühlte Brot in ein sauberes, trockenes Küchentuch einschlagen. Innerhalb von 2 Tagen verzehren.

Blechbrot mit Spargel & Käse

Ein schneller und vielseitiger, herzhafter Blechkuchen für Mittag- oder Abendessen. Sie können dafür jedes Gemüse verwenden, wie Brokkoli, Auberginen, Zucchini oder rote Zwiebeln. **ERGIBT 1 GROSSEN BLECHKUCHEN (BLECH ODER FORM, 37 × 27 CM)**

ZUTATEN

100 g lebhafter Starter, Stufe 2 (siehe S. 12)
375 g warmes Wasser (27 °C)
250 g steingemahlenes Bio-Vollkornmehl (11,5 % Eiweiß)
250 g Bio-Weizenmehl (13 % Eiweiß)
10 g feines Meersalz
Olivenöl zum Besprühen
200 g grüner Spargel, geschält
200 g Roquefort (oder ähnlicher Blauschimmelkäse), gewürfelt oder zerkrümelt
1 EL Kapern
fein abgeriebene Schale von 1 Bio-Zitrone
1 Handvoll gehackte Petersilie
1 Prise grobes Meersalz

WELLNESS-FAKTOR

Spargel ist reich an Ballaststoffen, die ein gesundes Verdauungssystem fördern und die Bakterien der Darmflora nähren. Zudem ist er eine gute Quelle für Kalium, das die Blutgefäße entspannt und eine wichtige Rolle für die Herzgesundheit spielt.

Wirken

❶ Den Sauerteigstarter und 350 g Wasser in einer großen Rührschüssel verquirlen. Den restlichen Starter im Glas auffrischen und zum Gehen beiseitestellen.

❷ Beide Mehlsorten und Salz in die Schüssel geben und mit einem Teigschaber 2 Minuten kräftig vermengen, bis der Teig eine feste Kugel bildet. Den Teig 30 Minuten ruhen lassen.

❸ Dann die restlichen 25 g Wasser mit der Bassinage-Technik (siehe S. 28) etwa 1 Minute einarbeiten. Den Teig mit einem Küchentuch abdecken und weitere 30 Minuten ruhen lassen.

Gehen

❹ Das Backblech oder die Form mit Backpapier auslegen, den Teig hineingeben und mit den Fingerspitzen vorsichtig zu den Rändern und in die Ecken drücken, bis er das gesamte Blech füllt (siehe S. 17, „Tipps zum Formen & Backen"). Mit Olivenöl besprühen, dann abgedeckt über Nacht bei Zimmertemperatur gehen lassen.

Backen

❺ Am nächsten Morgen sollte der Teig um mindestens 50 Prozent aufgegangen sein. Den Backofen 30 Minuten auf 220 °C (Ober-/Unterhitze) vorheizen und ein flaches Backblech auf den Ofenboden stellen.

❻ Den Spargel auf dem Brot verteilen und gleichmäßig mit Käse, Kapern und Zitronenschale bestreuen. Mit etwas Olivenöl besprühen. Das Blech in den Ofen schieben. Die Temperatur auf 200 °C (Ober-/Unterhitze) reduzieren und etwas Wasser oder einige Eiswürfel auf das Backblech am Boden geben. Die Ofentür schnell schließen, damit der Dampf nicht entweicht. Den Blechkuchen 25–30 Minuten backen.

❼ Den Blechkuchen aus dem Ofen nehmen und 5 Minuten auf dem Blech abkühlen lassen. Dann herausheben und auf ein Ofengitter setzen. Der Starter sollte nun fertig sein und kann bis zum nächsten Backen im Kühlschrank gelagert werden.

❽ Den Blechkuchen noch warm genießen. Vor dem Servieren mit Petersilie und grobem Meersalz bestreuen.

Bierlaib

Zu viel Alkohol kann den Fermentationsprozess stören, daher verwende ich für dieses Rezept eher leichtes Bier. Der Teig muss auch hier die gesamte Zeit über auf 27 °C gehalten werden, damit er weiter geht. **ERGIBT 1 GROSSEN LAIB (850 G)**

ZUTATEN

150 g lebhafter Starter, Stufe 2 (siehe S. 12)
370 g warmes, dunkles Bier (weniger als 5 Vol. %, 27 °C)
300 g Bio-Weizenmehl (13 % Eiweiß), zzgl. etwas zum Bestäuben
200 g steingemahlenes Bio-Vollkornmehl (11,5 % Eiweiß)
10 g feines Meersalz
2 EL Polenta
1 EL Gersten- oder Haferflocken

WELLNESS-FAKTOR

Bier erhöht den Anteil des guten Cholesterins, das den Blutfluss zum Gehirn verbessert. Forscher der Loyola University in Chicago berichten, dass die Wahrscheinlichkeit, an Alzheimer oder Demenz zu erkranken, bei moderaten Biertrinkern um 23 Prozent niedriger ist als bei Nichtbiertrinkern. Es gibt ähnliche Studienergebnisse zum Verzehr von Vollkornprodukten und Alzheimerrisiko.

Wirken

❶ Den Sauerteigstarter und 350 g Bier mit der Küchenmaschine gründlich verquirlen. Beide Mehlsorten und Salz dazugeben und mit den Knethaken der Küchenmaschine 1–2 Minuten verkneten, bis kein trockenes Mehl mehr übrig ist und der Teig eine feste Kugel bildet. Den Teig mit einem Küchentuch abdecken und 1 Stunde gehen lassen. Inzwischen den restlichen Starter im Glas auffrischen und zum Gehen beiseitestellen.

Bassinage

❷ Weitere 10 g Bier mit der Küchenmaschine 1 Minute unterkneten. Den Teig 20 Minuten ruhen lassen, dann noch einmal 1 Minute kneten und die restlichen 10 g Bier einarbeiten. Den Teig mit einem Küchentuch abdecken und 1 Stunde ruhen lassen.

Formen

❸ Den Teig wie auf S. 42 beschrieben formen, mit Polenta bestäuben und die Gersten- oder Haferflocken auf den Boden des mit Mehl bestäubten Gärkorbs streuen. Den Teig mit der bestäubten Seite nach unten in den Gärkorb legen.

Gehen

❹ Mit einem Küchentuch abdecken und weitere 40 Minuten bei 27 °C gehen lassen, dann über Nacht bei 5 °C in den Kühlschrank stellen.

Backen

❺ Am nächsten Morgen die Backglocke in den Ofen stellen und 30 Minuten auf 220 °C (Ober-/Unterhitze) vorheizen.

❻ Zum Backen den Teig wie auf S. 42 beschrieben auf den Boden der Backglocke setzen, mit dem Teigmesser einritzen und sofort mit dem Glockendeckel zudecken.

❼ Die Glocke in den Ofen stellen. Die Temperatur auf 200 °C (Ober-Unterhitze) reduzieren und 50 Minuten backen. Den Deckel der Glocke entfernen und 1–7 Minuten backen (je nachdem, wie dunkel die Kruste werden soll). Das Brot herausnehmen und auf einem Ofengitter auskühlen lassen. Alternativ das Brot nach dem Abschalten im Ofen lassen und bei geöffneter Tür abkühlen lassen. Der Starter sollte nun fertig sein und kann bis zum nächsten Backen im Kühlschrank gelagert werden.

❽ Das Brot in ein sauberes, trockenes Küchentuch einschlagen. Innerhalb von 2 Tagen verzehren.

Buttermilch-Pain de mie mit Muskat

Während das Brot backt, durchströmt der wohlige Duft von Buttermilch und Zimt das gesamte Haus. **ERGIBT 1 PAIN DE MIE/TOASTBROT (33 × 10 × 10 CM)**

ZUTATEN

150 g lebhafter Starter, Stufe 2 (siehe S. 12)
200 g warmes Wasser (28 °C)
250 g Buttermilch (oder Naturjoghurt)
50 g gesalzene Butter, zerlassen, zzgl. etwas zum Einfetten und zum Beträufeln
100 g Speisestärke
150 g steingemahlenes Bio-Vollkornmehl (11,5 % Eiweiß)
250 g Bio-Weizenmehl (13 % Eiweiß), zzgl. etwas zum Bestäuben
10 g feines Meersalz
½ Muskatnuss
2–3 EL Ahornsirup

WELLNESS-FAKTOR

Kuchen kann glücklich machen. Einige Studien haben herausgefunden, dass auch Backen selbst sich positiv auf die Stimmung auswirken kann. Einen Kuchen zu backen, ist kreativ und Kreativität kann positive Effekte haben. Backen fördert also das Wohlbefinden. Es gibt einem das positive Gefühl, etwas Sinnvolles gemacht zu haben.

Wirken

❶ Den Sauerteigstarter in einer großen Rührschüssel mit 175 g Wasser, Buttermilch und Butter verquirlen. Speisestärke, beide Mehlsorten und Salz dazugeben und mit einem Teigschaber 2 Minuten kräftig vermengen, bis der Teig eine feste Kugel bildet. Den Teig 30 Minuten ruhen lassen. Inzwischen den restlichen Starter im Glas auffrischen und zum Gehen beiseitestellen.

❷ Die restlichen 25 g Wasser mit der Bassinage-Technik (siehe S. 28) etwa 1 Minute einarbeiten. Dann den Teig mit einem Küchentuch abgedeckt weitere 30 Minuten ruhen lassen.

Gehen

❸ Boden, Wände und Deckel der Backform mit Butter einfetten, dann mit Mehl bestäuben und die Muskatnuss darüberreiben, sodass die Innenseite der Form gleichmäßig bedeckt ist. Den Teig in die Form füllen, den Deckel locker auflegen und über Nacht bei Zimmertemperatur gehen lassen.

Backen

❹ Am nächsten Morgen sollte der Teig die Form fast ausfüllen. Den Backofen 30 Minuten auf 220 °C (Ober-/Unterhitze) vorheizen. Dann die Temperatur auf 200 °C (Ober-/Unterhitze) reduzieren, die Form schließen und das Brot 30–35 Minuten backen. Das Brot gegen Ende der Backzeit kontrollieren. Dazu die Form öffnen und einen Spieß hineinstecken. Das Brot ist fertig, wenn kein Teig mehr daran kleben bleibt.

❺ Das Brot aus dem Ofen nehmen und 5 Minuten in der Form abkühlen lassen. Dann aus der Form lösen und auf einem Ofengitter auskühlen lassen. Das noch warme Brot mit Ahornsirup und etwas zerlassener Butter beträufeln. Der Starter sollte nun fertig sein und kann bis zum nächsten Backen im Kühlschrank gelagert werden.

❻ Das Brot in ein sauberes, trockenes Küchentuch einschlagen. Innerhalb von 3–4 Tagen verzehren.

Maisbrot mit Parmesan & Dill

Dieses glutenarme Brot ist eine wunderbare Ergänzung zu anderem Brot und ein wahrer Genuss. **ERGIBT 1 GROSSES KASTENBROT (FLACHE KASTENFORM, 1,3 KG)**

ZUTATEN

150 g lebhafter Starter, Stufe 2 (siehe S. 12)
360 g warmes Wasser (27 °C)
350 g feine Polenta
150 g Khorasan-Weizenvollkornmehl
125 g Olivenöl, zzgl. 1 EL zum Beträufeln und etwas zum Besprühen
10 g feines Meersalz
20 g fein gehackter Dill
85 g geriebener Parmesan (oder vegetarische Alternative)
Butter (oder Ghee oder Kokosöl) zum Einfetten

WELLNESS-FAKTOR

Backen ist eine wunderbare Beschäftigung für die ganze Familie. Es schafft ein Gemeinschaftsgefühl, selbst wenn es nur einige Minuten pro Tag sind. Studien zeigen, dass es sich positiv auf Menschen mit Demenz auswirkt, wenn sie dazu ermuntert werden, einfache Aufgaben beim Backen zu übernehmen. Backen ist also ein Hobby für alle, egal ob jung oder alt.

Wirken

❶ Sauerteigstarter und Wasser in einer großen Rührschüssel verquirlen. Polenta, Mehl, Öl, Salz, Dill und 75 g Parmesan dazugeben und mit einem Teigschaber 2 Minuten kräftig vermengen, bis ein glatter Teig entsteht. Den Teig 30 Minuten ruhen lassen. Inzwischen den restlichen Starter im Glas auffrischen und zum Gehen beiseitestellen.

Gehen

❷ Die Kastenform einfetten und mit Backpapier auslegen. Den Teig hineingeben und die Oberseite mit dem Olivenöl-Spray einsprühen. Dann über Nacht mit einem Küchentuch abgedeckt bei Zimmertemperatur gehen lassen.

Backen

❸ Am nächsten Morgen sollte der Teig um mindestens 50 Prozent aufgegangen sein. Den Backofen 30 Minuten auf 220 °C (Ober-/Unterhitze) vorheizen und ein flaches Backblech auf den Ofenboden stellen.

❹ Etwas Olivenöl seitlich in die Backform träufeln und mit dem restlichen Parmesan bestreuen, dann die Form in den Ofen stellen. Die Temperatur auf 180 °C (Ober-/Unterhitze) reduzieren und etwas Wasser oder einige Eiswürfel auf das Backblech am Boden geben. Die Ofentür schnell schließen, damit der Dampf nicht entweicht. Das Brot 45–50 Minuten backen. 5 Minuten vor Ende der Backzeit das Brot kontrollieren, dann aus dem Ofen nehmen und 5 Minuten in der Form abkühlen lassen. Auf ein Ofengitter setzen und vollständig auskühlen lassen. Der Starter sollte nun fertig sein und kann bis zum nächsten Backen im Kühlschrank gelagert werden.

❺ Das Brot in ein sauberes, trockenes Küchentuch einschlagen. Es hält sich 3 Tage.

Fenchel-Fougasse

Dieses köstlich schmeckende Brot ist eine tolle Basis für ein Abendessen.

ERGIBT 1 GROSSE FOUGASSE (37 × 27 CM)

ZUTATEN

100 g lebhafter Starter, Stufe 2 (siehe S. 12)
375 g warmes Wasser (27 °C)
250 g steingemahlenes Bio-Vollkorn- oder Bio-Dinkelmehl (11,5 % Eiweiß)
250 g Bio-Weizenmehl (13 % Eiweiß)
10 g feines Meersalz
Olivenöl zum Besprühen
1 gehäufter EL Fenchelsamen
1 kleines Bund Fenchelgrün, grob gehackt

WELLNESS-FAKTOR

Laut einer Studie der australischen Monash University kann Sauerteig die FODMAPs (vergärbare Mehrfachzucker, Doppelzucker, Einfachzucker und Zuckeralkohole) aufspalten, die mit RDS (Reizdarmsyndrom) in Zusammenhang stehen. Die Studie betrachtete vor allem die Fructanmengen in Dinkel und stellte fest, dass sie während des Fermentierungsprozesses reduziert werden. Dass Fenchel bei Blähungen und Magen-Darm-Krämpfen hilft, ist ebenfalls belegt.

Wirken

❶ Den Sauerteigstarter und 350 g Wasser in einer großen Rührschüssel verquirlen. Beide Mehlsorten und Salz dazugeben und mit einem Teigschaber 2 Minuten kräftig vermengen, bis kein trockenes Mehl mehr übrig ist. Den Teig 30 Minuten ruhen lassen. Inzwischen den restlichen Starter im Glas auffrischen und zum Gehen beiseitestellen.

❷ Die restlichen 25 g Wasser mit der Bassinage-Technik (siehe S. 28) 1 Minute einarbeiten.

Gehen

❸ Den Teig mit einem Küchentuch abgedeckt über Nacht bei Zimmertemperatur gehen lassen.

Backen

❹ Die Backform mit Olivenöl einsprühen. Alternativ mit Backpapier auslegen und dieses mit Olivenöl einsprühen. Den Backofen 30 Minuten auf 220 °C (Ober-/Unterhitze) vorheizen und ein flaches Backblech auf den Ofenboden stellen.

❺ Den Teig großzügig mit Olivenöl besprühen und dann vorsichtig in die vorbereitete Backform legen. Mit den Fingerspitzen nach außen drücken, bis der Teig den Boden bedeckt. Mit der scharfen Seite einer Teigkarte fast über die gesamte Länge des Teigs drei Schlitze schneiden, aber nicht ganz bis zum Rand schneiden. Die Schnitte mit geölten Fingern leicht aufziehen. 1 Minute ruhen lassen.

❻ Den Teig mit Fenchelsamen und Fenchelgrün bestreuen und noch einmal mit Olivenöl besprühen, damit sie nicht verbrennen. Die Fougasse in den Ofen stellen, die Temperatur auf 200 °C (Ober-/Unterhitze) reduzieren und etwas Wasser oder einige Eiswürfel auf das Backblech am Boden geben. Die Ofentür schnell schließen, damit der Dampf nicht entweicht. Das Brot 25–28 Minuten backen. Gegen Ende der Backzeit das Brot kontrollieren.

❼ Die Fougasse aus dem Ofen nehmen und in der Form 5 Minuten abkühlen lassen. Dann aus der Form lösen und auf ein Ofengitter setzen. Der Starter sollte nun fertig sein und kann bis zum nächsten Backen im Kühlschrank gelagert werden. Die Fougasse am besten warm servieren.

Kimchi-Pain de mie

Ein wunderbares Brot bei Verdauungsproblemen und Reizdarmsyndrom.

ERGIBT 1 PAIN DE MIE/TOASTBROT (33 × 10 × 10 CM)

ZUTATEN

150 g lebhafter Starter, Stufe 2 (siehe S. 12)
200 g warmes Wasser (28 °C)
250 g Buttermilch (oder Naturjoghurt)
50 g gesalzene Butter, zerlassen, zzgl. etwas zum Einfetten
250 g steingemahlenes Bio-Vollkornmehl (11,5 % Eiweiß)
250 g Bio-Weizenmehl (13 % Eiweiß), zzgl. etwas zum Bestäuben
10 g feines Meersalz
100 g Kimchi (korean. fermentiertes Gemüse), abgetropft und ausgedrückt

WELLNESS-FAKTOR

Studien zeigen, dass einige Emulgatoren jene positiven Bakterien der Darmflora reduzieren, die die Mikronährstoffe erzeugen und die Darmschleimhaut schützen. Kimchi im Brot erhöht nicht nur die Vielfalt der Nährstoffe. Darüber hinaus sind vergorene Nahrungsmittel wie Sauerkraut und Kimchi probiotisch und in Kombination mit Sauerteig noch gesünder.

Wirken

❶ Den Sauerteigstarter in einer großen Rührschüssel mit 175 g Wasser, Buttermilch und Butter verquirlen. Beide Mehlsorten und Salz dazugeben und mit einem Teigschaber 2 Minuten kräftig vermengen, bis der Teig eine feste Kugel bildet. Den Teig 30 Minuten ruhen lassen. Inzwischen den restlichen Starter im Glas auffrischen und zum Gehen beiseitestellen.

❷ Die restlichen 25 g Wasser mit der Bassinage-Technik (siehe S. 28) etwa 1 Minute einarbeiten. Dann den Teig mit einem Küchentuch abgedeckt weitere 30 Minuten ruhen lassen.

Gehen

❸ Boden, Wände und Deckel der Backform mit Butter einfetten. Mit Mehl bestäuben. Dann eine Schicht Kimchi etwa 1 cm dick auf dem Boden der Form verteilen. Den Teig daraufgeben, den Deckel locker auflegen und über Nacht bei Zimmertemperatur gehen lassen.

Backen

❹ Am nächsten Morgen sollte der Teig die Form fast ausfüllen. Den Backofen 30 Minuten auf 220 °C (Ober-/Unterhitze) vorheizen. Dann die Temperatur auf 200 °C (Ober-/Unterhitze) reduzieren, die Form schließen und das Brot 30–35 Minuten backen. Gegen Ende der Backzeit das Brot kontrollieren. Dazu die Form öffnen und einen Spieß hineinstecken. Das Brot ist fertig, wenn kein Teig mehr daran kleben bleibt.

❺ Das Brot aus dem Ofen nehmen und 5 Minuten in der Form abkühlen lassen. Dann aus der Form lösen und auf einem Ofengitter auskühlen lassen. Der Starter sollte nun fertig sein und kann bis zum nächsten Backen im Kühlschrank gelagert werden.

❻ Das Brot in ein sauberes, trockenes Küchentuch einschlagen. Innerhalb von 3 Tagen verzehren.

Fladenbrot mit Garnelen & Estragon

Dank Garnelen und Oliven wird dieses Blechbrot zum proteinreichen Herzstück des Abendessens und liefert zudem reichlich Ballaststoffe.

ERGIBT 1 GROSSES FLADENBROT (30 CM DURCHMESSER)

ZUTATEN

100 g lebhafter Starter, Stufe 2 (siehe S. 12)
375 g warmes Wasser (27 °C)
250 g steingemahlenes Bio-Vollkornmehl (11,5 % Eiweiß)
250 g Bio-Weizenmehl (13 % Eiweiß), zzgl. etwas zum Bestäuben
10 g feines Meersalz
20 g Olivenöl, zzgl. etwas zum Besprühen
1 kleines Bund Estragon, fein gehackt
Butter (oder Ghee oder Kokosöl) zum Einfetten, zzgl. 40 g gesalzene Butter, in Würfel geschnitten
200 g Garnelen, vorgegart und geschält
2 große Knoblauchzehen, gehackt oder zerdrückt
2–3 EL TK-Maiskörner

WELLNESS-FAKTOR

Nach dem Verzehr von kommerziell erzeugtem Weißbrot steigt der Blutzucker stark an, um dann wieder stark abzufallen. Brot, das eine Kombination von Eiweißen, Fetten und Vollkornmehl enthält, macht länger satt, dämpft den Appetit und verhindert so den häufigen Genuss von Snacks zwischen den Mahlzeiten. Auf diese Weise hilft es auch beim Abnehmen.

Wirken

❶ Den Sauerteigstarter und 350 g Wasser in einer großen Rührschüssel verquirlen. Beide Mehlsorten, Salz, Öl und Estragon dazugeben und mit einem Teigschaber 2 Minuten kräftig vermengen, bis der Teig eine feste Kugel bildet und kein trockenes Mehl mehr übrig ist. Den Teig mit einem Küchentuch abdecken und 30 Minuten ruhen lassen. Den restlichen Starter im Glas auffrischen und zum Gehen beiseitestellen.

❷ Noch einmal 25 g Wasser mit der Bassinage-Technik (siehe S. 28) etwa 1 Minute einarbeiten. Den Teig mit einem Küchentuch abgedeckt weitere 30 Minuten ruhen lassen.

Gehen

❸ Die Backform einfetten und mit Mehl bestäuben. Den Teig in die Form geben und leicht mit Olivenöl besprühen. Dann den Teig mit einem Küchentuch abdecken und über Nacht bei Zimmertemperatur gehen lassen.

Backen

❹ Am nächsten Morgen den Backofen 30 Minuten auf 220 °C (Ober-/Unterhitze) vorheizen und ein flaches Backblech auf den Ofenboden stellen.

❺ Den Teig mit Garnelen, Knoblauch und Mais bestreuen. Mit Butterwürfeln besetzen und mit den Fingern leicht in die Teigoberfläche drücken. Alles mit Olivenöl besprühen, dann die Form in den Ofen geben. Die Temperatur auf 180 °C (Ober-/Unterhitze) reduzieren und etwas Wasser oder einige Eiswürfel auf das Backblech am Boden geben. Die Ofentür schnell schließen, damit der Dampf nicht entweicht. Das Brot 30–35 Minuten backen. Gegen Ende der Backzeit das Brot kontrollieren.

❻ Das Brot aus dem Ofen nehmen und 5 Minuten in der Form abkühlen lassen. Dann aus der Form lösen und auf ein Ofengitter setzen. Der Starter sollte nun fertig sein und kann bis zum nächsten Backen im Kühlschrank gelagert werden. Das Brot schmeckt warm am besten und passt gut zu einem gemischten Salat oder Caesar Salad.

Sommer

Laksa-Kokos-Laib

Dieser Sauerteiglaib (Grundrezept, S. 39) schmeckt nach den Aromen Südostasiens. Denken Sie auch hier daran, den Teig bei 27 °C zu halten. **ERGIBT 1 GROSSEN LAIB (1 KG)**

ZUTATEN

150 g lebhafter Starter, Stufe 2 (siehe S. 12)
320 g warmes Wasser (27 °C)
25 g Kokosöl, zerlassen
400 g Bio-Weizenmehl (13 % Eiweiß)
100 g steingemahlenes Bio-Vollkornmehl (11,5 % Eiweiß)
10 g feines Meersalz
35 g Kokoschips
70 g Laksapaste (südostasiat. Würzpaste)
Polenta zum Bestäuben
20 g MCT-Öl (z. B. Palmkernöl, nach Belieben)

WELLNESS-FAKTOR

Kokosnüsse sind reich an Ballaststoffen und Mineralien und können bei der Regulierung des Blutzuckerspiegels helfen. Sie enthalten gesättigte Fettsäuren, die der Körper einfach nutzen kann. MCT-Öl (mittelkettige Triglyceride) enthält gesättigte Fettsäuren, die mit verschiedenen Gesundheitsvorteilen in Zusammenhang gebracht werden.

Wirken & Gehen

❶ Sauerteigstarter, 300 g Wasser und Kokosöl mit der Küchenmaschine verquirlen. Beide Mehlsorten und Salz dazugeben und mit den Knethaken der Küchenmaschine 1–2 Minuten verkneten. Mit einem Küchentuch abdecken und 1 Stunde gehen lassen. Den restlichen Starter im Glas auffrischen und zum Gehen beiseitestellen.

Bassinage

❷ Weitere 10 g Wasser mit der Küchenmaschine 1 Minute unterkneten. Den Teig 20 Minuten ruhen lassen. Dann 1 Minute kneten und weitere 10 g Wasser einarbeiten. Den Teig in eine weite, flache Schüssel legen und mit angefeuchteten Händen Kokoschips und Laksapaste untermischen. Abgedeckt 1 Stunde ruhen lassen.

Formen

❸ Den Teig formen (siehe S. 42) und mit Polenta bestäuben. Bestäubte Seite nach unten in den Gärkorb legen.

Gehen

❹ Abdecken und 40 Minuten bei 27 °C gehen lassen, dann über Nacht bei 5 °C in den Kühlschrank stellen.

Backen

❺ Am nächsten Morgen die Backglocke in den Ofen stellen und 30 Minuten auf 220 °C (Ober-/Unterhitze) vorheizen. Zum Backen den Teig wie auf S. 42 beschrieben auf den Boden der Backglocke legen, mit dem Teigmesser einritzen und dann sofort mit dem Glockendeckel zudecken.

❻ Die Glocke in den Ofen stellen. Die Temperatur auf 200 °C (Ober-/Unterhitze) reduzieren und 50 Minuten backen. Dann den Deckel der Glocke entfernen und weitere 1–7 Minuten backen (je nachdem, wie dunkel die Kruste werden soll). Das Brot gegen Ende der Backzeit kontrollieren, herausnehmen und auf einem Ofengitter auskühlen lassen. Alternativ das Brot nach dem Abschalten im Ofen lassen und bei geöffneter Tür abkühlen lassen. Das noch warme Brot mit dem MCT-Öl (nach Belieben) beträufeln. Der Starter sollte nun fertig sein und kann bis zum nächsten Backen im Kühlschrank gelagert werden.

❼ Das Brot in ein sauberes, trockenes Küchentuch einschlagen. Innerhalb von 2 Tagen verzehren.

Zwiebelbrot mit Harissa

Eine köstliche Art, mehr inulinreiches Gemüse zu sich zu nehmen.

ERGIBT 1 GROSSES KASTENBROT (HOHE KASTENFORM, 1,3 KG)

ZUTATEN

100 g lebhafter Starter, Stufe 2 (siehe S. 12)
360–370 g warmes Wasser (27 °C)
300 g Bio-Weizenmehl (13 % Eiweiß)
200 g steingemahlenes Bio-Vollkornmehl (11,5 % Eiweiß)
10 g feines Meersalz
95 g Rosenharissa (nordafrikan. Paste)
Butter (oder Ghee oder Kokosöl) zum Einfetten
1 rote Zwiebel, in feine Streifen geschnitten
1 EL Olivenöl zum Beträufeln

WELLNESS-FAKTOR

Bei einer Studie nahmen freiwillige Probanden zwei Wochen vermehrt inulinreiche Gemüse (wie Zwiebeln, Lauch, Knoblauch und Artischocken) zu sich. Das Ergebnis: Sie berichteten, weniger Verlangen nach süßem, salzigem oder fettem Essen zu haben und sich länger satt zu fühlen.

Wirken

❶ Den Sauerteigstarter und 350 g Wasser in einer großen Rührschüssel verquirlen. Beide Mehlsorten und Salz dazugeben und mit einem Teigschaber 2 Minuten kräftig vermengen, bis der Teig eine feste Kugel bildet. Den Teig 10 Minuten ruhen lassen, dann noch einmal 10–20 g Wasser mit der Bassinage-Technik (siehe S. 28) etwa 1 Minute einarbeiten.

❷ Die Harissapaste löffelweise auf dem Teig verteilen und mit dem Rücken eines Holzlöffels in den Teig einarbeiten. Alternativ die Paste mit angefeuchteten Händen in den Teig einarbeiten (Vorsicht: Die Paste kann die Hände färben und enthält Chilischoten, daher anschließend die Hände gut waschen). Mit einem Küchentuch abgedeckt weitere 30 Minuten ruhen lassen. Den restlichen Starter im Glas auffrischen und zum Gehen beiseitestellen.

Gehen

❸ Die Kastenform einfetten und mit Backpapier auslegen. Den Teig hineingeben, dann leicht von den Rändern lösen und die Zwiebelstreifen in den Spalt geben. Den Teig abgedeckt über Nacht bei Zimmertemperatur gehen lassen.

Backen

❹ Am nächsten Morgen sollte der Teig um mindestens 50 Prozent aufgegangen sein. Den Backofen 30 Minuten auf 220 °C (Ober-/Unterhitze) vorheizen und ein flaches Backblech auf den Ofenboden stellen.

❺ Etwas Öl seitlich in die Backform träufeln, die Form dann in den Ofen stellen. Die Temperatur auf 180 °C (Ober-/Unterhitze) reduzieren und etwas Wasser oder einige Eiswürfel auf das Backblech am Boden geben. Die Ofentür schnell schließen, damit der Dampf nicht entweicht. Das Brot 45–50 Minuten backen. Gegen Ende der Backzeit das Brot kontrollieren: Es sollte eine goldbraune Kruste haben.

❻ Das Brot aus dem Ofen nehmen und 5 Minuten in der Form abkühlen lassen. Dann aus der Form lösen und auf einem Ofengitter vollständig auskühlen lassen. Der Starter sollte nun fertig sein und kann bis zum nächsten Backen im Kühlschrank gelagert werden.

❼ Das Brot in ein sauberes, trockenes Küchentuch einschlagen. Innerhalb von 2 Tagen verzehren.

Focaccia-Kranz mit Knoblauch & Rosmarin

Der Kranz ist ein wahrer Augenschmaus und verströmt außerdem einen köstlichen Duft.

ERGIBT 1 GROSSEN KRANZ (GUGELHUPFFORM, 25 CM DURCHMESSER)

ZUTATEN

100 g lebhafter Starter, Stufe 2 (siehe S. 12)
360–370 g warmes Wasser (27 °C)
250 g steingemahlenes Bio-Vollkornmehl (11,5 % Eiweiß)
250 g Bio-Weizenmehl (13 % Eiweiß)
12 g feines Meersalz
Butter (oder Ghee oder Kokosöl) zum Einfetten
8 Knoblauchzehen, geschält
3 Zweige Rosmarin
50 g Olivenöl, zzgl. etwas zum Besprühen

WELLNESS-FAKTOR

Schlafmangel kann das Leben sehr erschweren. Backen hilft dabei, sich auf den Moment zu konzentrieren. Im Rahmen einer klinischen Studie mit Studierenden fand man außerdem heraus, dass Rosmarin einen gesunden Schlaf, das Gedächtnis und die Stimmung fördern kann, was sich wiederum positiv auf Angstgefühle und Depressionen auswirkt.

Wirken

❶ Den Sauerteigstarter und 350 g Wasser in einer großen Rührschüssel verquirlen. Den restlichen Starter im Glas auffrischen und zum Gehen beiseitestellen.

❷ Beide Mehlsorten und 10 g Salz dazugeben und mit einem Teigschaber 2 Minuten kräftig vermengen, bis der Teig eine feste Kugel bildet. Den Teig 30 Minuten ruhen lassen, dann noch einmal 10–20 g Wasser mit der Bassinage-Technik (siehe S. 28) etwa 1 Minute einarbeiten. Den Teig mit einem Küchentuch abgedeckt weitere 30 Minuten ruhen lassen.

Gehen

❸ Die Gugelhupfform einfetten und die Knoblauchzehen in der Backform verteilen. Die Rosmarinzweige an die Wand der Form drücken und mit Öl beträufeln. Das restliche Salz in die Form streuen. Den Teig zu einem Kranz formen und in die Form heben.

❹ Den Teig über Nacht mit einem Küchentuch abgedeckt bei Zimmertemperatur gehen lassen.

Backen

❺ Am nächsten Morgen sollte der Teig um mindestens 50 Prozent aufgegangen sein. Den Backofen 30 Minuten auf 220 °C (Ober-/Unterhitze) vorheizen und ein flaches Backblech auf den Ofenboden stellen.

❻ Den Teig mit Öl besprühen. Die Focaccia in den Ofen geben, die Temperatur auf 180 °C (Ober-/Unterhitze) reduzieren und etwas Wasser oder einige Eiswürfel auf das Backblech am Boden geben. Die Ofentür schnell schließen, damit der Dampf nicht entweicht. Die Focaccia 45–50 Minuten backen. Gegen Ende der Backzeit die Focaccia kontrollieren: Sie sollte eine dunkle Kruste haben.

❼ Die Focaccia aus dem Ofen nehmen und 5 Minuten in der Form abkühlen lassen, dann aus der Form lösen und auf einem Ofengitter auskühlen lassen. Der Starter sollte nun fertig sein und kann bis zum nächsten Backen im Kühlschrank gelagert werden.

❽ Die Focaccia in ein sauberes, trockenes Küchentuch einschlagen. Innerhalb von 2–3 Tagen verzehren.

Dill-Pain de mie mit Senf

Ein köstliches aromatisches Brot und mein absolutes Lieblingsbrot.

ERGIBT 1 PAIN DE MIE/TOASTBROT (33 × 10 × 10 CM)

ZUTATEN

150 g lebhafter Starter, Stufe 2 (siehe S. 12)
200 g warmes Wasser (28 °C)
250 g Buttermilch (oder Naturjoghurt)
50 g Butter, zerlassen, zzgl. etwas zum Einfetten
100 g Speisestärke
150 g steingemahlenes Bio-Vollkornmehl (11,5 % Eiweiß)
250 g Bio-Weizenmehl (13 % Eiweiß), zzgl. etwas zum Bestäuben
10 g feines Meersalz
2 EL Dijon-Senf
2 gehäufte EL fein gehackter Dill

WELLNESS-FAKTOR

Senf gibt einen wunderbaren Geschmack und enthält die gesunden Pflanzenstoffe der Senfölglycoside, einer Gruppe von schwefelhaltigen Verbindungen, die in vielen kreuzblütigen Gemüsesorten vorkommt. Sie können gegen zahlreiche Krankheiten schützen. Epidemiologische Studien deuten darauf hin, dass sie eine entzündungshemmende und schützende Wirkung gegen Krebs in der Lunge und im Verdauungstrakt haben.

Wirken

❶ Den Sauerteigstarter in einer großen Rührschüssel mit 175 g Wasser, Buttermilch und Butter verquirlen. Speisestärke, beide Mehlsorten und Salz dazugeben und mit einem Teigschaber 2 Minuten kräftig vermengen, bis der Teig eine feste Kugel bildet. Den Teig 30 Minuten ruhen lassen. Den restlichen Starter im Glas auffrischen und zum Gehen beiseitestellen.

❷ Die restlichen 25 g Wasser mit der Bassinage-Technik (siehe S. 28) etwa 1 Minute einarbeiten. Dann den Teig mit einem Küchentuch abgedeckt 30 Minuten ruhen lassen.

Gehen

❸ Boden, Wände und Deckel der Backform mit Butter einfetten, dann mit dem Senf bestreichen, sodass die Innenseite der Form gleichmäßig bedeckt ist. Anschließend mit dem Dill bestreuen. Den Teig in die Form geben, den Deckel locker auflegen und über Nacht bei Zimmertemperatur gehen lassen.

Backen

❹ Am nächsten Morgen sollte der Teig die Form fast vollständig ausfüllen. Den Backofen 30 Minuten auf 220 °C (Ober-/Unterhitze) vorheizen.

❺ Die Temperatur auf 200 °C (Ober-/Unterhitze) reduzieren, die Form schließen und das Brot 30–35 Minuten backen. Gegen Ende der Backzeit das Brot kontrollieren. Dazu die Form öffnen und einen Spieß hineinstecken. Das Brot ist fertig, wenn kein Teig mehr daran kleben bleibt.

❻ Das Brot aus dem Ofen nehmen und 5 Minuten in der Form abkühlen lassen. Dann aus der Form lösen und auf einem Ofengitter auskühlen lassen. Der Starter sollte nun fertig sein und kann bis zum nächsten Backen im Kühlschrank gelagert werden.

❼ Das Brot in ein sauberes, trockenes Küchentuch einschlagen. Innerhalb von 2–3 Tagen verzehren.

Sesamlaib

Dieses Brot ist sehr aromatisch. Denken Sie daran, dass der Teig während der Zubereitung auf 27 °C gehalten werden muss, damit er weiter gehen kann.

ERGIBT 1 GROSSEN LAIB (850 G)

ZUTATEN

150 g lebhafter Starter, Stufe 2 (siehe S. 12)
370 g warmes Wasser (30 °C)
1 EL helle oder dunkle Tahin (Sesampaste)
300 g Bio-Weizenmehl (13 % Eiweiß), zzgl. etwas zum Bestäuben
200 g steingemahlenes Bio-Vollkornmehl (11,5 % Eiweiß)
10 g feines Meersalz
2 EL Polenta
25 g Sesamsamen

WELLNESS-FAKTOR

An Weißbrot kann man sich schnell überessen, da es keine Ballaststoffe enthält. Dadurch lässt es auch den Blutzucker schnell ansteigen. Der Körper setzt daraufhin Insulin frei, das überschüssige Energie als Fett einlagert. Bei Vollkornbrot hingegen müssen wir mehr kauen und essen daher langsamer. Das hilft, ein Überessen zu vermeiden. Die Ballaststoffe halten zudem den Blutzuckerspiegel konstant und reduzieren so Heißhungerattacken.

Wirken

❶ Sauerteigstarter, 350 g Wasser und Tahin mit der Küchenmaschine gründlich verquirlen. Beide Mehlsorten und Salz dazugeben und mit den Knethaken der Küchenmaschine 1–2 Minuten verkneten, bis kein trockenes Mehl mehr übrig ist und der Teig eine feste Kugel bildet. Den Teig mit einem Küchentuch abdecken und 1 Stunde gehen lassen. Inzwischen den restlichen Starter im Glas auffrischen und zum Gehen beiseitestellen.

Bassinage

❷ Mit der Küchenmaschine noch einmal 10 g Wasser etwa 1 Minute unterkneten. Den Teig 20 Minuten ruhen lassen. Dann 1 Minute kneten und das restliche Wasser einarbeiten. Den Teig mit einem Küchentuch abgedeckt 1 Stunde ruhen lassen.

Formen

❸ Den Teig wie auf S. 42 beschrieben formen, mit Polenta bestäuben und die Hälfte der Sesamsamen in den gut bestäubten Gärkorb streuen. Den Teig mit der bemehlten Seite nach unten in den Gärkorb legen.

Gehen

❹ Den Teig mit einem Küchentuch abdecken und 40 Minuten bei 27 °C gehen lassen, dann über Nacht bei 5 °C in den Kühlschrank stellen.

Backen

❺ Die Backglocke in den Ofen stellen und 30 Minuten auf 220 °C (Ober-/Unterhitze) vorheizen.
❻ Zum Backen den Teig wie auf S. 42 beschrieben auf den Boden der Backglocke legen, mit den restlichen Sesamsamen bestreuen, mit dem Teigmesser einritzen und sofort mit dem Glockendeckel zudecken.
❼ Die Glocke in den Ofen stellen. Die Temperatur auf 200 °C (Ober-/Unterhitze) reduzieren und 50 Minuten backen. Den Deckel der Glocke entfernen und 1–7 Minuten backen(je nachdem, wie dunkel die Kruste werden soll). Das Brot herausnehmen und auf einem Ofengitter auskühlen lassen. Alternativ das Brot nach dem Abschalten im Ofen lassen und bei geöffneter Tür abkühlen lassen. Der Starter sollte nun fertig sein und kann bis zum nächsten Backen im Kühlschrank gelagert werden. Das Brot innerhalb von 2 Tagen verzehren.

Apfel-Dinkel-Kuchen mit Zimtbutter

Dieses Rezept lässt sich auch mit anderem Obst und Gewürzen zubereiten. Im Frühsommer backe ich es mit Pfirsichen und Kardamom. ERGIBT 2 KUCHEN (À 20 CM DURCHMESSER)

ZUTATEN

100 g lebhafter Starter, Stufe 2 (siehe S. 12)
390 g lauwarmes Wasser (24 °C)
500 g steingemahlenes Bio-Dinkelvollkornmehl
10 g feines Meersalz
Butter (oder Ghee oder Kokosöl) zum Einfetten, zzgl. 30 g gesalzene Butter, in 1 cm große Würfel geschnitten
Olivenöl zum Besprühen
4 große rote Äpfel
2 gehäufte EL Vollrohrzucker
1 TL Zimtpulver

WELLNESS-FAKTOR

Dieser Kuchen ist sehr gesund: Dinkelvollkornmehl liefert Ballaststoffe, Äpfel helfen beim Erhalt eines gesunden Mikrobioms und Zimt kann Entzündungen im Körper entgegenwirken.

Wirken

❶ Sauerteigstarter und 360 g Wasser in einer großen Rührschüssel verquirlen. Beide Mehlsorten und Salz dazugeben und mit einem Teigschaber 2 Minuten kräftig vermengen, bis der Teig eine feste Kugel bildet. Den Teig 30 Minuten ruhen lassen. Inzwischen den restlichen Starter im Glas auffrischen und zum Gehen beiseitestellen.
❷ Die restlichen 30 g Wasser mit der Bassinage-Technik (siehe S. 28) etwa 1 Minute einarbeiten. Den Teig dann mit einem Küchentuch abgedeckt weitere 30 Minuten ruhen lassen.

Gehen

❸ Die beiden Backformen einfetten und mit Backpapier auslegen. Den Teig halbieren und gleichmäßig auf die Formen verteilen. Die Oberseite beider Teige mit Olivenöl besprühen und mit einem Küchentuch abgedeckt über Nacht bei Zimmertemperatur gehen lassen.

Backen

❹ Am nächsten Morgen sollte der Teig die Backformen fast vollständig ausfüllen. Den Backofen 30 Minuten auf 220 °C (Ober-/Unterhitze) vorheizen.
❺ Die Äpfel waschen, schälen, halbieren und entkernen. Die Hälften in je 4–5 Spalten schneiden und kreisförmig auf die beiden Teige verteilen. Achtung: Die Apfelspalten nicht in den Teig drücken, damit er nicht zusammenfällt. Mit Zucker und Zimt bestreuen und die Butterwürfel darauf verteilen. Beide Kuchen leicht mit Olivenöl besprühen, damit die Apfelspalten nicht verbrennen.
❻ Die Temperatur auf 200 °C (Ober-/Unterhitze) reduzieren und die Kuchen 30–35 Minuten backen. Gegen Ende der Backzeit die Kuchen kontrollieren, dann herausnehmen. 5 Minuten in der Form abkühlen lassen. Aus der Form lösen und auf einem Ofengitter vollständig auskühlen lassen. Der Starter sollte nun fertig sein und kann bis zum nächsten Backen im Kühlschrank gelagert werden.
❼ Die ausgekühlten Kuchen in Backpapier einschlagen und in einer Dose lagern. Am besten am selben Tag oder innerhalb von 2 Tagen essen.

Kirsch-Gugelhupf

Dieser Kuchen sieht einfach köstlich aus und ist perfekt für Sommertage.

ERGIBT 1 GROSSEN GUGELHUPF (25 CM DURCHMESSER)

ZUTATEN

150 g lebhafter Starter, Stufe 2 (siehe S. 12)
175 g heißes Wasser (33 °C)
175 g Sonnenblumenöl
4 zimmerwarme Eier (Größe L)
250 g Bio-Weizenmehl (13 % Eiweiß), zzgl. etwas zum Bestäuben
250 g steingemahlenes Bio-Vollkornmehl (11,5 % Eiweiß)
7 g feines Meersalz
140 g dunkler Muscovadozucker
1 TL Mandelextrakt (oder einige Tropfen Mandelaroma)
200 g frische Kirschen, entsteint
Butter (oder Ghee oder Kokosöl) zum Einfetten
Olivenöl zum Besprühen
2–3 EL Kirschlikör zum Beträufeln

WELLNESS-FAKTOR

Kirschen enthalten reichlich Antioxidantien und haben entzündungshemmende Eigenschaften. Wissenschaftliche Studien belegen außerdem, dass sich Sportler, die regelmäßig Sauerkirschen essen, besser von Muskelschäden erholen.

Wirken

❶ Sauerteigstarter und 360 g Wasser in einer großen Rührschüssel verquirlen. Vorsichtig Sonnenblumenöl, Eier, beide Mehlsorten, Salz, Zucker und Mandelextrakt einrühren, bis alles gründlich vermengt ist. Der Teig sollte die Konsistenz von Rührteig haben und langsam vom Löffelrücken tropfen. Die Hälfte der Kirschen unterrühren und den Teig dann 30 Minuten ruhen lassen. Inzwischen den restlichen Starter im Glas auffrischen und zum Gehen beiseitestellen.

Gehen

❷ Die Gugelhupfform einfetten und mit Mehl bestäuben. Die restlichen Kirschen gleichmäßig auf dem Boden der Form verteilen und dann den Teig darübergeben. Den Teig mit etwas Olivenöl einsprühen und über Nacht bei Zimmertemperatur gehen lassen.

Backen

❸ Am nächsten Morgen den Backofen auf 170 °C (Ober-/Unterhitze) vorheizen. Die Backform kuppelförmig mit Alufolie überdachen, damit der Kuchen nicht zu dunkel wird. Den Kuchen 40–45 Minuten backen. Die Folie kurz vor Ende der Backzeit entfernen. Den Kuchen aus dem Ofen nehmen und mit einem in die Mitte gesteckten Spieß prüfen, ob er fertig ist. Falls nötig, weitere 3–4 Minuten backen und erneut testen.
❹ Aus dem Ofen nehmen und den warmen Kuchen mit Kirschlikör beträufeln. Den Kuchen 5 Minuten in der Form abkühlen lassen, dann vorsichtig aus der Form lösen und auf einem Ofengitter vollständig auskühlen lassen. Der Starter sollte nun fertig sein und kann bis zum nächsten Backen im Kühlschrank gelagert werden.
❺ Den Kuchen in Backpapier einschlagen und in einer Dose lagern. Innerhalb von 2 Tagen verzehren. Dazu passt Crème fraîche oder Naturjoghurt.

Mohn-Zwiebel-Wrap

Statt Mohn können Sie auch Fenchelsamen, ganzen Kümmel oder Sesamsamen für dieses Rezept verwenden. Wer es süßer mag, kann die Zwiebel gegen eine Fenchelknolle tauschen und den Wrap mit Honig beträufeln. Diese Wraps zeigen, wie einfach übriger Starter verwertet werden kann (siehe S. 12). Sie gelingen am besten mit relativ frischem Starter – wenn sich bereits Fusel abgesetzt hat, hat er für dieses Rezept zu viel Säure.

ERGIBT 1 GROSSEN WRAP (FÜR 2 HUNGRIGE ODER 4 NICHT GANZ SO HUNGRIGE PERSONEN)

ZUTATEN

1 EL Pflanzenöl (z. B. Sonnenblumenöl)
20 g Mohnsamen
320 g beim Auffrischen entnommener Starter (siehe S. 12)
Olivenöl zum Besprühen
½ Zwiebel (oder 1 große Schalotte), in dünne Ringe geschnitten
2 g feines Meersalz

WELLNESS-FAKTOR

Diese Wraps sind sehr gut verträglich. Auch Menschen mit Verdauungsproblemen belasten sie kaum und sie können ihrem Darm damit wichtige Ballaststoffe zuführen.

❶ Den Boden einer ofenfesten Pfanne (32 cm Durchmesser) gleichmäßig mit Pflanzenöl bedecken, damit der Wrap nicht anbrennt. Die Hälfte des Mohns in das Öl streuen. Den Sauerteigstarter ohne Umrühren (die Blasen sollen erhalten bleiben) mit dem Löffel hineingeben. Keine Angst, wenn er den Pfannenboden noch nicht vollständig bedeckt: Er breitet sich noch aus, während er ruht. Die Pfanne mit einem Küchentuch abdecken und 1 Stunde bei Zimmertemperatur ruhen lassen.
❷ Den Backofen auf 160 °C (Ober-/Unterhitze) vorheizen. Den Teig mit dem restlichen Mohn bestreuen und leicht mit Olivenöl einsprühen, damit die Samen nicht verbrennen. Die Zwiebelringe darauf verteilen und gleichmäßig mit dem Salz bestreuen.
❸ Im Ofen 12–15 Minuten backen, dann den Wrap testen. War der Starter sehr feucht, noch etwas länger backen. Dazu den Ofen ausschalten, die Ofentür öffnen und den Wrap 15 Minuten im Ofen trocknen lassen.
❹ Den fertigen Wrap aus der Pfanne heben, mit einer Füllung nach Belieben belegen, aufrollen und noch warm servieren. Ich belege die Wraps mit Käse, gekochtem Schinken, Salat und Bacon oder als süße Variante mit Banane, Schokolade oder Honig.

Spinnenbein-Halloween-Brot

Dieses lustige Gruselbrot mit Spinnenbeinen aus Algen passt perfekt zu Halloween, schmeckt aber auch das ganze Jahr über.

ERGIBT 1 HOHES BROT (PANETTONE-FORM, 1 KG)

ZUTATEN

100 g lebhafter Starter, Stufe 2 (siehe S. 12)
360–370 g warmes Wasser (24 °C)
400 g Bio-Weizenmehl (13 % Eiweiß)
100 g steingemahlenes Bio-Vollkornmehl (11,5 % Eiweiß)
10 g feines Meersalz
10 g getrocknete Arame-Braunalgenblätter, 30 Minuten in kaltem Wasser eingeweicht
Butter (oder Ghee oder Kokosöl) zum Einfetten
Olivenöl zum Besprühen

WELLNESS-FAKTOR

Wissenschaftlich Forschungen zeigen, dass es einen Zusammenhang zwischen Ballaststoffverzehr und geistiger Gesundheit gibt. Eine Studie fand heraus, dass Menschen, die größere Mengen Algen essen, sich seltener als depressiv bezeichnen und auch seltener mit klinischer Depression diagnostiziert werden. Dank Vollkornmehl und Algen erhöht dieses Gruselbrot die Ballaststoffaufnahme gleich um das Doppelte.

Wirken

❶ Sauerteigstarter und 350 g Wasser in einer großen Rührschüssel verquirlen. Beide Mehlsorten und Salz in die Schüssel geben und mit einem Teigschaber 2 Minuten kräftig vermengen, bis der Teig eine feste Kugel bildet. Den Teig 30 Minuten ruhen lassen, dann noch einmal 10–20 g Wasser mit der Bassinage-Technik (siehe S. 28) etwa 1 Minute einarbeiten.

❷ Die Algen abgießen, abtropfen lassen und rundum auf der Teigkugel verteilen, sodass sie wie Spinnenbeine aussehen. Den Teig mit einem Küchentuch abgedeckt weitere 30 Minuten ruhen lassen. Inzwischen den restlichen Starter im Glas auffrischen und zum Gehen beiseitestellen.

Gehen

❸ Die Backform einfetten und mit Backpapier auslegen. Den Teig hineingeben, mit einem Küchentuch abdecken und über Nacht bei Zimmertemperatur gehen lassen.

Backen

❹ Am nächsten Morgen sollte der Teig um mindestens 50 Prozent aufgegangen sein. Den Backofen 30 Minuten auf 220 °C (Ober-/Unterhitze) vorheizen und ein flaches Backblech auf den Ofenboden stellen.

❺ Den Teig mit etwas Öl besprühen, dann die Form in den Ofen stellen. Etwas Wasser oder einige Eiswürfel auf das Backblech am Boden geben. Die Ofentür schnell schließen, damit der Dampf nicht entweicht. Das Brot 35–40 Minuten backen, bis es sich leicht von der Wand der Backform löst. Das Brot gegen Ende der Backzeit kontrollieren, dann herausnehmen und 5 Minuten in der Form abkühlen lassen. Aus der Form lösen und auf einem Ofengitter vollständig auskühlen lassen. Der Starter sollte nun fertig sein und kann bis zum nächsten Backen im Kühlschrank gelagert werden.

❻ Das ausgekühlte Brot in ein sauberes, trockenes Küchentuch einschlagen. Innerhalb von 2 Tagen verzehren.

Himbeer-Kokos-Kuchen

Mit diesem Valentinstagskuchen backen Sie sich nicht nur ins Herz Ihres Schatzes, sondern tun ihm auch noch etwas Gutes. **ERGIBT 1 GROSSEN KUCHEN (FÜR 12 PERSONEN)**

ZUTATEN

150 g lebhafter Starter, Stufe 2 (siehe S. 12)
25 g heißes Wasser (33 °C)
200 g griechischer Joghurt
175 g Sonnenblumenöl
4 zimmerwarme Eier (Größe L)
250 g Bio-Weizenmehl (13 % Eiweiß), zzgl. etwas zum Bestäuben
250 g steingemahlenes Bio-Vollkornmehl (11,5 % Eiweiß)
7 g feines Meersalz
140 g dunkler Muscovadozucker
1 TL Mandelextrakt (oder einige Tropfen Mandelaroma)
8 g getrocknete Rosenblätter (zum Verzehr geeignet)
Butter (oder Ghee oder Kokosöl) zum Einfetten
Olivenöl zum Besprühen
300 g frische Himbeeren

ZUM DEKORIEREN

1–2 EL Himbeersirup
25 g geröstete Kokoschips
1 Handvoll frischer Bio-Rosenblätter (zum Verzehr geeignet)

WELLNESS-FAKTOR

Zahlreiche Studien zeigen, dass Beeren reichlich Polyphenole liefern, die unter anderem für ein gesundes Herz-Kreislauf-System wichtig sind.

Wirken

❶ Sauerteigstarter und Wasser in einer großen Rührschüssel verquirlen. Dann vorsichtig Joghurt, Sonnenblumenöl, Eier, beide Mehlsorten, Salz, Zucker, Mandelextrakt und getrocknete Rosenblätter einrühren. Der Teig sollte die Konsistenz von Rührteig haben und langsam vom Löffelrücken tropfen. Dann den Teig 30 Minuten ruhen lassen. Inzwischen den restlichen Starter im Glas auffrischen und zum Gehen beiseitestellen.

Gehen

❷ Die Backform mit Butter einfetten und mit Mehl bestäuben, dann den Teig hineingeben und mit Olivenöl besprühen. Mit einem Küchentuch abgedeckt über Nacht bei Zimmertemperatur gehen lassen.

Backen

❸ Am nächsten Morgen den Backofen auf 175 °C (Ober-/ Unterhitze) vorheizen. Himbeeren verlesen, waschen und trocken tupfen. 150 g Himbeeren auf dem Kuchen verteilen und in den Teig drücken, dann 40–45 Minuten backen. Den Kuchen beim Backen im Auge behalten! Wird er zu schnell dunkel, die Backform mit Alufolie kuppelförmig überdachen. Den Kuchen mit einem in die Mitte gesteckten Spieß testen. Bleibt kein Teig mehr kleben, ist er fertig. Falls nötig, weitere 3–4 Minuten backen.
❹ Aus dem Ofen nehmen. Restliche Himbeeren in die Vertiefungen der gebackenen Himbeeren drücken. So erhält man mit jedem Biss die köstliche Kombination aus gebackenen und frischen Himbeeren. Den warmen Kuchen mit Himbeersirup beträufeln und mit Kokoschips und frischen Rosenblättern bestreuen. Alternativ 10–12 Minuten in der Form abkühlen lassen, aus der Form lösen, auf einem Ofengitter vollständig auskühlen lassen und dann erst beträufeln und dekorieren.
❺ Der Starter sollte nun fertig sein und kann bis zum nächsten Backen im Kühlschrank gelagert werden. Der Kuchen schmeckt am selben Tag am besten.

Schokoladen-Erdnuss-Kuchen

Dieser köstliche Geburtstagskuchen mit Schokolade und Sauerteig ist gesund und nährt die Mikroorganismen der Darmflora. **ERGIBT 1 GROSSEN GUGELHUPF (25 CM DURCHMESSER)**

ZUTATEN

100 g lebhafter Starter, Stufe 2 (siehe S. 12)
230 g steingemahlenes Bio-Vollkornmehl (11,5 % Eiweiß)
80 g heißer Espresso
10 g feines Meersalz
4 zimmerwarme Eier (Größe L)
160 g stückige Erdnussbutter
160 g Zucker
40 g Kakaopulver

FÜR DIE FORM

2 EL stückige Erdnussbutter
1 EL weiche Butter
2 EL steingemahlenes Bio-Vollkornmehl (11,5 % Eiweiß)

ZUM DEKORIEREN

1 gehäufter EL Erdnussbutter
25 g Schokolade, gehackt (Milchschokolade oder Zartbitterschokolade)
10 g gesalzene Butter
1 Prise Meersalz

WELLNESS-FAKTOR

In Maßen verzehrt trägt Schokolade dazu bei, die Vielfalt der Darmflora zu erhalten, was wiederum das Immunsystem stützt und damit zur Krankheitsabwehr beiträgt.

Wirken

❶ Den Sauerteigstarter in einer großen Rührschüssel mit Mehl, Espresso, Salz, Eiern, Erdnussbutter, Zucker und Kakaopulver vermengen, bis er einen geschmeidigen Rührteig bildet. Dann 30 Minuten ruhen lassen. Inzwischen den restlichen Starter im Glas auffrischen und zum Gehen beiseitestellen.

Gehen

❷ Die Gugelhupfform großzügig mit Erdnussbutter und Butter einfetten. Dazu am besten die Finger benutzen, um alle Rillen der Form zu erreichen. Dann die Form mit Mehl bestäuben und überschüssiges Mehl abklopfen. Den Teig vorsichtig hineingießen, mit einem Küchentuch abdecken und über Nacht bei Zimmertemperatur gehen lassen. Aufgrund seines hohen Fettgehalts geht dieser Teig nicht so stark auf.

Backen

❸ Am nächsten Morgen den Backofen 30 Minuten auf 160 °C (Ober-/Unterhitze) vorheizen.
❹ Den Kuchen 35 Minuten backen. Gegen Ende der Backzeit den Kuchen mit einem in die Mitte gesteckten Spieß testen. Bleibt kein Teig mehr kleben, ist er fertig. Falls nötig, weitere 5 Minuten backen und erneut testen.
❺ Den Kuchen aus dem Ofen nehmen, 5 Minuten in der Form abkühlen lassen, dann vorsichtig aus der Form lösen und auf einem Ofengitter auskühlen lassen.
❻ Zum Dekorieren Erdnussbutter, Schokolade und Butter in einem kleinen Topf bei schwacher Hitze zerlassen und gründlich verrühren. Die Mischung gleichmäßig auf dem Kuchen verteilen und mit etwas Salz bestreuen.
❼ Der Starter sollte nun fertig sein und kann bis zum nächsten Backen im Kühlschrank gelagert werden. Den Kuchen in Backpapier einschlagen und in einer Dose lagern. Innerhalb von 2–3 Tagen verzehren.

Schoko-Orangen-Brot mit Mandeln

Dies ist ein köstliches Brot, um das neue Jahr festlich zu begrüßen.

ERGIBT 1 GROSSES KASTENBROT (KASTENFORM, 900 G)

ZUTATEN

100 g lebhafter Starter, Stufe 2 (siehe S. 12)
375 g warmes Wasser (27 °C)
250 g steingemahlenes Bio-Dinkelvollkornmehl
250 g Bio-Weizenmehl (13 % Eiweiß), zzgl. etwas zum Arbeiten
10 g feines Meersalz
fein abgeriebene Schale von 1 Bio-Orange
Butter (oder Ghee oder Kokosöl) zum Einfetten
30 g Mandelblättchen
80 g dunkle Schokoladentropfen
Olivenöl zum Beträufeln

WELLNESS-FAKTOR

Gönnen Sie sich beim Reiben der Orange einen Moment und atmen Sie den Duft tief ein. Es riecht nicht nur köstlich, sondern wirkt sich auch positiv auf die Stimmung aus, wie Studien belegen.

Wirken

❶ Den Sauerteigstarter und 350 g Wasser in einer großen Rührschüssel verquirlen. Beide Mehlsorten, Salz und Orangenschale dazugeben und mit einem Teigschaber 2 Minuten kräftig vermengen, bis der Teig eine feste Kugel bildet und kein trockenes Mehl mehr übrig ist. Den Teig 30 Minuten ruhen lassen, dann die restlichen 25 g Wasser mit der Bassinage-Technik (siehe S. 28) etwa 1 Minute einarbeiten. Weitere 30 Minuten ruhen lassen. Inzwischen den restlichen Starter im Glas auffrischen und zum Gehen beiseitestellen.

Gehen

❷ Die Kastenform mit Butter einfetten und mit Mandelblättchen bestreuen. Den Teig auf eine bemehlte Arbeitsfläche geben und mit den Händen zu einem Rechteck formen. Die Hälfte der Schokoladentropfen längs auf dem mittleren Drittel verteilen, dann eine Seite des Teigs darüberfalten. Die restlichen Schokoladentropfen auf dem mittleren Drittel verteilen und die andere Seite des Teigs darüberfalten. Den Teig vorsichtig in die Form heben. Mit einem Küchentuch abgedeckt über Nacht bei Zimmertemperatur gehen lassen.

Backen

❸ Am nächsten Morgen sollte der Teig um mindestens 50 Prozent aufgegangen sein. Den Backofen 30 Minuten auf 220 °C (Ober-/Unterhitze) vorheizen und ein flaches Backblech auf den Ofenboden stellen.
❹ Etwas Olivenöl seitlich in die Backform träufeln und die Form in den Ofen stellen. Die Temperatur auf 180 °C (Ober-/Unterhitze) reduzieren und etwas Wasser oder einige Eiswürfel auf das Backblech am Boden geben. Die Ofentür schnell schließen, damit der Dampf nicht entweicht. Das Brot 45–50 Minuten backen. 5–10 Minuten vor Ende der Backzeit das Brot kontrollieren: Es sollte eine goldbraune Kruste haben.
❺ Das Brot aus dem Ofen nehmen und 5 Minuten in der Form abkühlen lassen. Dann auf einem Ofengitter vollständig auskühlen lassen. Der Starter sollte nun fertig sein und kann bis zum nächsten Backen im Kühlschrank gelagert werden.
❻ Das ausgekühlte Brot in ein sauberes, trockenes Küchentuch einschlagen. Innerhalb von 3 Tagen verzehren.

Traditioneller Ginger Cake

Ginger Cake ist eine britische Spezialität, die traditionell zur Bonfire Night am 5. November gegessen wird. Diese sehr aromatische Version schmeckt aber das gesamte Jahr hindurch.

ERGIBT 1 GROSSEN KUCHEN (FLACHE KASTENFORM, 1,3 KG)

ZUTATEN

150 g lebhafter Starter, Stufe 2 (siehe S. 12)
65-75 g warmes Wasser (27 °C)
250 g steingemahlenes Bio-Einkorn-, Dinkel-, oder Emmervollkornmehl
200 g Sonnenblumenöl, zzgl. etwas zum Einfetten
3 zimmerwarme Eier (Größe L)
100 g Vollrohrzucker
100 g Melassesirup
3 g feines Meersalz
70 g eingelegter Ingwer (aus dem Glas), gehackt
1-2 EL Ingwerpulver (nach Belieben)
½ TL Zimtpulver
4-5 EL Einlegesirup des Ingwers

WELLNESS-FAKTOR

Rheumatoide Arthritis ist eine entzündliche Erkrankung der Gelenke, die den Alltag der Betroffenen stark beeinträchtigen kann. Bei der Fermentation des Mehls im Sauerteig wird die Glutenbelastung reduziert und wirkt so entzündungsmindernd. Aber auch Ingwer hat entzündungshemmende Eigenschaften. So haben Studien ergeben, dass regelmäßiger Ingwerverzehr Gelenkschmerzen, die bei Arthritis häufig auftreten, lindert.

Wirken

❶ Den Sauerteigstarter und 30 g Wasser in einer großen Rührschüssel verquirlen. Mehl, Sonnenblumenöl, Eier, Zucker, Melasse, Salz, gehackten Ingwer und Ingwerpulver dazugeben und gründlich vermengen, bis kein trockenes Mehl mehr übrig ist. Den Teig 30 Minuten ruhen lassen. Inzwischen den restlichen Starter im Glas auffrischen und zum Gehen beiseitestellen.

❷ Die restlichen 25 g Wasser einarbeiten. Der Teig sollte die Konsistenz von Rührteig haben und langsam vom Löffelrücken tropfen. Falls nötig, weitere 10 g Wasser unterrühren.

Gehen

❸ Die Kastenform einfetten und mit Backpapier auslegen. Den Teig hineingeben und mit einem Küchentuch abdecken. Die Form bei eingeschaltetem Ofenlicht in den Ofen stellen (27-28 °C) und über Nacht gehen lassen. Der Teig ist sehr schwer und muss daher warm gehalten werden, damit er weiter geht und der Prozess nicht abbricht.

Backen

❹ Am nächsten Morgen den Backofen auf 170 °C (Ober-Unterhitze) vorheizen. Die Backform kuppelförmig mit Alufolie überdachen, damit der Kuchen nicht verbrennt und saftig bleibt. Dann 40-45 Minuten backen. Die Folie gegen Ende der Backzeit entfernen, damit der Kuchen bräunen kann. Den Kuchen mit einem in die Mitte gesteckten Spieß testen. Bleibt kein Teig mehr kleben, ist er fertig. Falls nötig, weitere 3-4 Minuten backen und erneut testen.

❺ Den Kuchen aus dem Ofen nehmen und noch warm mit dem Ingwersirup beträufeln. 5 Minuten in der Form abkühlen lassen, auslösen und auf einem Ofengitter vollständig auskühlen lassen.

❻ Der Starter sollte nun fertig sein und kann bis zum nächsten Backen im Kühlschrank gelagert werden. Den ausgekühlten Kuchen in Backpapier eingeschlagen und in einer Dose lagern. Innerhalb von 3-4 Tagen verzehren (bei mir ist er meist in 5 Minuten weg).

Festliche Brie-Pizza

Ein Vorteil selbst gemachter Pizza ist, dass man sie mit köstlichen Zutaten belegen kann, die gleichzeitig auch noch gesund sind. **ERGIBT 4 PIZZEN**

ZUTATEN

100 g lebhafter Starter, Stufe 2 (siehe S. 12)
360 g lauwarmes Wasser (21 °C)
400 g Bio-Weizenmehl (13 % Eiweiß), zzgl. etwas zum Bestäuben
100 g steingemahlenes Bio-Vollkornmehl (11,5 % Eiweiß)
10 g feines Meersalz
Olivenöl zum Einfetten und Beträufeln
Polenta zum Bestäuben

FÜR DEN BELAG (pro Pizza):

120 g Brie, in Scheiben geschnitten
9 geräucherte schwarze Knoblauchzehen
1 EL fein gehackter Dill
1 EL frische Granatapfelkerne

WELLNESS-FAKTOR

Schwarzer Knoblauch gilt als Booster für das Immunsystem und soll vorbeugend gegen Krankheiten wie Diabetes und Krebs wirken. Die polyphenolreichen Granatapfelkerne können eine entzündungslindernde Wirkung haben. Dill ist zudem eine gute Quelle für Vitamin C.

Wirken

❶ Sauerteigstarter und Wasser in einer großen Rührschüssel verquirlen. Beide Mehlsorten und Salz dazugeben und kräftig vermengen, bis das Mehl alles Wasser aufgenommen hat. Falls nötig, noch 20 g Wasser einarbeiten. Den restlichen Starter im Glas auffrischen und zum Gehen beiseitestellen.

Gehen

❷ Den Schüsselrand oberhalb des Teigs rundum mit etwas Olivenöl einfetten, dann den Teig abdecken und über Nacht bei Zimmertemperatur gehen lassen.

Formen & backen

❸ Den Teig am Morgen mit eingeölten Händen in 4 gleich große Portionen teilen und zu Kugeln formen. Die Teigkugeln auf ein eingefettetes Backblech legen, abdecken und 1½ Stunden ruhen lassen, bis sie ihr Volumen verdoppelt haben. Bis zum Backen in den Kühlschrank stellen. (Sie halten sich bis zu 1 Tag.)
❹ Den Teig 1 Stunde vor dem Backen aus dem Kühlschrank nehmen, damit er Zimmertemperatur annimmt.
❺ Den Pizzastein in den Backofen legen und den Ofen auf höchste Temperatur vorheizen.
❻ Die Pizzaböden einzeln formen (siehe S. 17, „Tipps zum Formen & Backen"). Dazu den Teig mit etwas Mehl bestäuben und mit den Fingern vorsichtig nach außen drücken. Den Teig so abwechselnd leicht strecken und drehen. Wenn die Teigplatte größer ist, kann man sie aufnehmen, drehen und so auf 20–22 cm Durchmesser strecken. Alternativ den Teig weitere 20 Minuten ruhen lassen und dann wieder mit den Fingerspitzen auf die gewünschte Größe strecken. Nun können Sie die Pizzaböden auch einfrieren.
❼ Die Pizzaschaufel großzügig mit Polenta bestäuben und einen Pizzaboden darauflegen. Den Boden mit Brie und Knoblauch belegen, dann vorsichtig auf den Pizzastein schieben. 6–7 Minuten backen. Die Pizza beim Backen im Auge behalten!
❽ Die Pizza aus dem Ofen nehmen und mit Dill und Granatapfelkernen bestreuen. Sofort servieren. Wiederholen, bis alle Pizzen fertig sind. Der Starter sollte nun fertig sein und kann bis zum nächsten Backen im Kühlschrank gelagert werden.

Wie gesund und nahrhaft ist Sauerteig für jeden Tag?

Schnell gemacht, langsam fermentiert

Die meisten Bäcker sind von großen Blasen im Teig geradezu besessen. Mir geht es mehr um Brot, das in den Alltag passt und trotzdem gesund ist. Auch wenn die Rezepte in diesem Buch schnell zubereitet sind, ist der Teig doch optimal fermentiert und ergibt eine lockere, offene Krume.

Was macht diese Methode so besonders?

Die Rezepte in diesem Buch unterscheiden sich nicht nur von anderen Sauerteigrezepten, indem sie sich gut in den Alltag einfügen, sondern auch, weil sie mithilfe eines medizinischen Expertenteams entwickelt wurden. Wir haben dazu unser Wissen über Fermentation und Ernährung auf Basis neuester Studien zu Gesundheit, Wohlbefinden und Darmflora gebündelt.

Der Grund hierfür liegt auf der Hand: Die Art von Brot und Backwaren, die wir alltäglich essen, kann unsere Gesundheit langfristig beeinflussen. Was am Ende tatsächlich zählt, dass wir uns wohlfühlen.

Unsere Forschung

Fast jede der von uns durchgeführten Fallstudien zeigte, dass Menschen, die backen, eine Verbesserung ihrer Darmflora erfahren, sich besser fühlen, besser schlafen und die innere Unruhe nachlässt.

HINWEIS
Alle in diesem Buch aufgeführten Studien finden Sie auf der Website der Sourdough School:
www.sourdough.co.uk/research
Außerdem finden Sie hier ein vollständiges Glossar:
www.sourdough.co.uk/glossary

Fragen an die Experten

Der eigenen Gesundheit durch den Verzehr von unfermentierten Backwaren und Weißmehlprodukten zu schaden, ist kontraproduktiv, denn gerade wenn wir gestresst sind, benötigt unser Körper besonders viele Nährstoffe. Was aber, wenn beides gleichzeitig ginge, wenn sich ein gesunder Sauerteig in nur 10 Minuten zubereiten ließe? Um diese und andere häufige Fragen zu beantworten, haben wir hier die Antworten unseres Teams aus Medizin und Ernährungswissenschaften zusammengetragen.

ALLGEMEINE GESUNDHEIT

F: Wie wirkt sich der Verzehr von Sauerteigbrot langfristig auf die Gesundheit aus?

Dr. Alex Davidson – Hausärztin

A: Die Sauerteigführung wandelt Stärke und Zucker um, wodurch das Brot langsamer verdaut wird. Dadurch steigt der Blutzucker langsamer an. Brot ist ein zentraler Bestandteil der westlichen Ernährung. Daher hat die Wahl des Brots, das wir alltäglich essen, starken Einfluss auf unsere Gesundheit, sei es in Sachen Gewichtskontrolle oder Risiko für chronische Erkrankungen.

BLUTZUCKERKONTROLLE & STIMMUNGSSCHWANKUNGEN

F: Kann der Verzehr von Sauerteig bei der Stressbewältigung helfen?

Dr. Alex Davidson – Hausärztin

A: Ja. Ein stark schwankender Blutzuckerspiegel kann Wohlbefinden und Psyche beeinträchtigen. Ein ausgeglichener Blutzuckerspiegel bedeutet auch eine ausgeglichenere Psyche. Auch wenn das Brot in diesem Buch nur 10 Minuten effektive Arbeitszeit erfordert, wirkt sich der Fermentationsprozess doch positiv auf die Darmflora und damit auf die Produktion der Wohlfühl-Neurotransmitter wie Serotonin aus, die zu 80 Prozent im Darm erzeugt werden.

DARMPFLEGE

F: Kann ein 10-Minuten-Sauerteig die Darmflora wirklich gut nähren?

Dr. Miguel Toribio-Mateas – Ernährungswissenschaftler und Spezialist für Darmgesundheit

A: Dadurch, dass in diesem Buch verschiedene Mehlsorten verwendet werden, wird eine große Vielfalt an Darmbakterien ernährt. Das ist wichtig, da unsere allgemeine Gesundheit mit einer vielfältigen Darmflora in Verbindung steht. Die Mikroorganismen im Starter wandeln den Teig um und machen so wichtige Nährstoffe wie Mineralien, Vitamine und Antioxidantien für unseren Körper leichter zugänglich. Außerdem spielen Ballaststoffe eine entscheidende Rolle für die Darmgesundheit, da sie den Darmbakterien die Stoffe liefern, die sie zum Bau kurzkettiger Fettsäuren wie Buttersäure und anderer Moleküle benötigen, die Entzündungen mindern und die Gesundheit verbessern.

MENTALE GESUNDHEIT

F: Kann ein 10-Minuten-Sauerteig die mentale Gesundheit tatsächlich verbessern?

Professor David Veale – Psychiater

A: Ja, selbst mit Backwaren, die sich in recht kurzer Zeit zubereiten lassen, lässt sich die seelische Gesundheit vermutlich verbessern. Laut dem aufstrebenden Gebiet der Ernährungspsychiatrie unterstützt ein gesunder Darm die Psyche. Gesunde Ernährung versorgt die Darmflora mit den nötigen Ballaststoffen, die sie zur Produktion der Stoffwechselprodukte braucht, die wiederum für eine gesunde Hirnfunktion nötig sind. Eine vielfältige Ernährung mit reichlich Ballaststoffen sorgt für eine reiche Zufuhr an Nährstoffen, an denen es Menschen mit psychischen Problemen oft mangelt. Das kann die Stimmung verbessern und innere Unruhe lindern. Wir hoffen, dass die Menschen sich vom Backen mit Sauerteig und Vollkornmehl nicht abschrecken lassen. Aus diesem Grund erhöht dieses Buch die Ballaststoffe auch erst nach und nach.

Sauerteig ist auch deshalb gesund, weil die Fermentation beim Abbau des Glutens hilft. Das kann Entzündungsprozesse vermindern, die ebenfalls Einfluss auf die Psyche haben. Unsere 10-Minuten-Rezepte lassen sich schnell und einfach zubereiten. Vielleicht trauen sich so auch Menschen an Sauerteig, die normalerweise nicht backen.

WOHLBEFINDEN

F: Kann ein 10-Minuten-Sauerteig sich tatsächlich positiv auf unser allgemeines Befinden auswirken?

Pauline Beaumont – Spezialistin für psychologisches Gleichgewicht

A: Man sollte den Prozess des Brotbackens immer bewusst angehen – unabhängig von der Arbeitszeit. Brot achtsam zu backen, ist ein wunderbares Konzentrationstraining. Konzentration ist eine Fähigkeit, die uns hilft, wenn wir Stimmungsschwankungen oder innere Unruhe zu kämpfen haben. Sauerteig herzustellen ist zudem ein kreativer Prozess. Es vermittelt uns ein Erfolgserlebnis, das wir in der Gemeinschaft mit anderen erleben können. Davon profitiert auch unsere Psyche.

F: Gibt es eine gesündere Art, Sauerteig zu essen?

Venetia Mitchell Bant – Ernährungstherapeutin

A: Um das Beste aus Sauerteig herauszuholen, empfehlen wir, ihn mit einer Vielfalt von Obst und Gemüse zu kombinieren. Eines unserer wichtigsten Prinzipien in der Sourdough School ist die Herstellung von Brot und Backwaren mit guten probiotischen Zutaten wie Sauerrahmbutter und fermentierten Lebensmitteln wie Sauerkraut und Rohmilchkäse. So schmeckt Sauerteigbrot nicht nur köstlich, sondern es erhöht auch die Vielfalt der guten probiotischen Bakterien, die wiederum für die Pflege unserer Darmflora wichtig sind.

SCHUTZ DES GEHIRNS

F: Wie kann 10-Minuten-Sauerteig unsere Nerven schützen?

Dr. Elisabeth Philipps – Neurologin und Ernährungswissenschaftlerin

A: Bei der Reifung von Sauerteig wird Gluten abgebaut, was die Darmflora stützt. Das vermindert entzündliche Reaktionen in Darm und Gehirn, die mit neurologischen Schäden im Gehirn einhergehen, wie bei Erkrankungen wie Demenz oder Parkinson, aber auch bei psychischen Erkrankungen wie Depression und Angstzuständen. Der Fermentationsprozess steigert außerdem die Bioverfügbarkeit von Ferulasäure. Dieses starke Antioxidans beseitigt entzündungsbegünstigende freie Radikale. Der Verzehr von ferulasäurereichem Getreide kann das Risiko für neuroinflammatorische Erkrankungen wie Alzheimer reduzieren.

KREBSPRÄVENTION

F: Kann der Verzehr von Vollkornprodukten Krebs verhindern?

Professor Robert Thomas – Onkologe und Ernährungswissenschaftler

A: Von Brot aus Weißmehl auf Sauerteigbrot aus Vollkornmehl umzusteigen, kann definitiv das Krebsrisiko senken. Brot, das die Darmflora nährt, trägt dazu bei, chronische Entzündungszustände zu vermindern und die allgemeine Gesundheit und den oxidativen Status der Zellen der Darmwand zu verbessern – beides Faktoren, die das Krebsrisiko beeinflussen. Zudem sorgen Ballaststoffe für mehr Darmbewegung, wodurch schädliche Stoffe kürzer mit der Darmwand Kontakt haben und gute sekundäre Pflanzenstoffe wie Polyphenole besser absorbiert werden, die vor Krebs schützen.

Weltweit ist Darmkrebs die dritthäufigste Krebsart mit der vierthöchsten Sterblichkeitsrate. Zumindest die Hälfte dieser Fälle könnte durch eine gesunde Ernährung vermieden werden. Neben dem Verzehr von Sauerteig, durch den wir mehr Ballaststoffe und gesunde Bakterien aufnehmen, umfasst eine gesunde Ernährung auch polyphenolreiches Obst und Gemüse sowie eine Reduzierung des Genusses von Alkohol, verarbeiteten Fleischwaren und Zigaretten.

SCHRITTWEISE UMSTELLUNG

F: Welches ist das gesündeste Brot?

Vanessa Kimbell – Bäckerin

A: Ohne jeden Zweifel ist das gesündeste Brot in diesem Buch die 100-%-Vollkorn-Sauerteiglaib (siehe S. 72), deren Teig verschiedene Vollkornmehle fermentiert. Warum also nutzen viele der Rezepte in diesem Buch einen 50:50-Mix aus Weißmehl und Vollkornmehl? Die Antwort ist einfach: Das Buch ist für Einsteiger gedacht, die wir an Fermentation und Vollkornmehle heranführen möchten.

Ist die Verdauung nicht an Vollkornprodukte gewöhnt, kann eine radikale Umstellung von raffinierten Kohlenhydraten zu ballaststoffreicher Ernährung das Verdauungssystem überlasten. Eine langsame Ernährungsumstellung lässt Geschmacksknospen und Darm Zeit, sich umzustellen. Das dauert zwar etwas länger, ist es aber wert. Je mehr Sie sich an diese Ernährungsart gewöhnt haben, desto mehr empfehle ich, nur noch mit Vollkornmehlen zu backen – sei es nun Brot oder Kuchen.

Register

Dank

„Idealismus ohne Handeln ist nur ein Traum. Aber Idealismus gepaart mit Pragmatismus, mit Ärmel-Aufkrempeln und Die-Welt-Verändern, ist spannend. Dieser Idealismus ist sehr real und sehr stark.“ - BONO, U2

Dieses Buch ist für alle, die die Welt zu einem besseren Ort machen wollen: Sie können nun auch einen Sauerteig einfach und schnell zubereiten!

Es war schon immer mein Traum, dass jeder mit Sauerteig ein nahrhaftes Brot selbst backen kann, indem er den Prinzipien der Fermentation, der Bakterienvielfalt und des hohen Ballaststoffgehalts folgt. Aber das braucht Zeit. Der Sauerteig für jeden Tag, den ich in diesem Buch vorstelle, ist ein praktischer Zugang für alle, die für die übliche Methode schlicht keine Zeit haben.

Ich danke daher allen, die geholfen haben, aus einer Idealistin eine Pragmatikerin zu machen. Ein besonderer Dank geht an:

– Judith Hannam, die auf so viele Arten der verkörperte Pragmatismus ist.

– meinen Ehemann Alastair, der mit der Idealistin lebt und sie liebt.

– meine hauseigenen Experten für Gesundheit und Wohlbefinden: Dr. Elisabeth Philipps für ihren Rat und ihre Freundschaft, Dr. Alex Davidson für ihre Unterstützung und ihren wunderbaren Sinn für Humor, wenn es einmal wieder hart auf hart kommt, Dr. Miguel Toribio-Mateas für seine Klarheit und seinen Weitblick, Venetia Mitchell für ihre Güte und Großzügigkeit sowie Professor Robert Thomas, Pauline Beaumont und Professor David Veale – ich fühle mich geehrt, solche tollen Mitstreiter zu haben.

Ebenso danke ich meinem wunderbaren Buch-Team: Tara, die wieder einmal die Details aus meinem Kopf aufs Papier gebracht hat, Helen für ihr traumhaftes Layout, Jenny Dye dafür, dass sie hinter den Kulissen alles am Laufen gehalten hat, Sarah Smith für ihre Geduld und ihre Hilfe dabei, alles in Reinform zu bringen, und Georgia für ihre Wärme, ihr Wissen, ihre Freundschaft und Fachkompetenz und nicht zuletzt für ihre wunderbaren Fotos.

An mein Team: Ich danke Dan für seine Weitsicht und seine Unterstützung, Dayna für ihren unschätzbaren Rat, Nancy, dass die richtigen Menschen das Buch zu Gesicht bekamen, Jo Waltham für die erstklassige Pflege der Website, Lucy für ihre Geduld und Christine, Amy, Sophie, Stevie und Howard – ihr seid mein Dream-Team und habt die gesamte Zeit fest hinter diesem Projekt gestanden.

An meine Handmodelle und Testesser: Danke, Henry Goodwin, Maya Houston, Ethan und Libiana, William und Isobel – ich kann mir niemanden vorstellen, mit dem ich lieber im Lockdown landen würde. Danke auch an Wayne, Nicole und Ami von Dynamite Tattoo Studios für ihre Arbeit als Handmodelle.

An mein Team von Rezepttestern: Sophie, Christine, Ann, Ruth, Linda, Chris, Vicky, Liz, Howard, András, Andy, Heather, Dina, Neil, David, Rachel, Ian, Chris B, Brett, Anna, Rachel, Shirley, Piotr, Charlotte, Elizabeth und Peifen – danke von ganzem Herzen für eure Zeit, euren Enthusiasmus und euer Feedback.

Professor Tim Spector, Dr. Michael Mosley und Dr. Clare Bailey danke ich für ihre unermüdliche fachliche Unterstützung. Diana und Nigella – dies hier ist für euch!

In Liebe, Vanessa xxx

HOW TO BAKE
SOURDOUGH
Salted
JAPAN
HOW TO MAKE SOURDOUGH
HUCKLEBERRY
BREAD
the bread bible
BREAD
PIZZA